关中地区传统文化研究

肖颖 著

陕西新华出版传媒集团
陕西科学技术出版社
———西安———

图书在版编目（CIP）数据

关中地区传统文化研究/肖颖著. -- 西安：陕西科学技术出版社，2022.6
ISBN 978-7-5369-8241-3

Ⅰ．①关… Ⅱ．①肖… Ⅲ．①文化史－研究－陕西 Ⅳ．①K294.1

中国版本图书馆CIP数据核字(2021)第243531号

关中地区传统文化研究
（肖颖 著）

责任编辑	邢亚妮　李　栋
封面设计	林忠平
出 版 者	陕西新华出版传媒集团　陕西科学技术出版社
	西安市曲江新区登高路1388号陕西新华出版传媒产业大厦B座
	电话（029）81205187　传真（029）81205155　邮编　710061
	http://www.snstp.com
发 行 者	陕西新华出版传媒集团　陕西科学技术出版社
	电话（029）81205180　81206809
印　　刷	陕西隆昌印刷有限公司
规　　格	787mm×1092mm　16开
印　　张	8
字　　数	150千字
版　　次	2022年6月第1版
印　　次	2022年6月第1次印刷
书　　号	ISBN 978-7-5369-8241-3
定　　价	68.00元

版权所有　翻印必究

前　言

关中地处渭河平原，南有秦岭，北有北山山脉，气候温和湿润，经过丰富的自然水系长期冲积，形成了肥沃的平原，号称"八百里秦川"。关中地区是华夏农耕文明的发源地之一，其文化源远流长。水深土厚、富饶肥沃的关中大地，在几千年的历史长河中塑造了关中人的气质禀赋。在中华五千年的发展历程中，关中起到了极其重要的作用。就让我们跟随作者的脚步，一起去领略关中文化的美吧！

本书分为 8 章。第一章关中地区传统文化根基，引用大量古籍中的话语介绍了关中、关中的农耕文化、关中人及其生活习俗；第二章关中民间信仰文化，介绍了关中人的佛教信仰、道教信仰、村社信仰以及家神信仰；第三章关中地区服饰文化，介绍了关中地区衣裳、鞋帽、头饰及鞋袜的材质和特点；第四章关中地区饮食文化，介绍了关中地区饮食文化的起源、形成和发展；第五章关中地区民居文化，介绍了关中地区半地穴式民居、天井式窑洞和四合院的特点及文化内涵；第六章关中地区民俗文化，介绍了其婚育和丧葬文化；第七章关中地区戏曲音乐文化，介绍了关中地区秦腔的发展、皮影的特点以及西安鼓乐的发展和文化内涵；第八章关中地区工艺美术与武术文化，介绍了关中剪纸、年画、泥塑等特色工艺美术以及陕西红拳的发展历程。

本书由于作者时间、精力有限，尚有许多不足之处，敬请批评指正。

内容简介

　　关中地区是我国古代文明的发源地之一。关中地区独特的地理位置和风土人情，形成了今天我们所看到的关中文化。关中小吃、西安鼓乐、皮影闻名世界，关中人特有的朴实与爽朗正在把关中文化推向世界。

　　让我们跟随作者的脚步，了解关中民间信仰文化、服饰文化、民居文化、民俗文化等，走进关中、走近关中人的生活！

【内容】

目 录
CONTENTS

第一章 关中地区传统文化根基 ························· 1
    第一节 关中与关中人 ··································· 1
    第二节 关中——华夏农耕文明的发源地之一 ··········· 3
    第三节 关中的农业民俗 ································· 5
    第四节 关中农耕生活民俗 ······························ 9

第二章 关中民间信仰文化 ································ 13
    第一节 以佛寺、道观为主的宗教信仰 ················· 13
    第二节 关中村社信仰 ·································· 17
    第三节 家神信仰 ······································ 19
    第四节 关中民间信仰的特点及作用 ···················· 22

第三章 关中地区服饰文化 ································ 25
    第一节 衣裳与民间演艺服装 ·························· 25
    第二节 帽巾、头饰与鞋袜 ···························· 29
    第三节 衣料、款式与色彩 ···························· 32

第四章 关中地区饮食文化 ································ 39
    第一节 关中饮食文化的起源 ·························· 39
    第二节 关中饮食文化的形成 ·························· 40
    第三节 关中饮食起居文化 ···························· 41

第五章 关中地区民居文化 ·· 62
　　第一节　关中民居的历史演变 ·· 62
　　第二节　关中民居的几种主要形态 ···································· 63
　　第三节　关中四合院民居的文化内涵 ·································· 74
　　第四节　关中民居新型制——砖混结构的楼房 ························ 75

第六章 关中地区民俗文化 ·· 78
　　第一节　关中婚育文化 ·· 78
　　第二节　关中丧葬文化 ·· 87

第七章 关中地区戏曲音乐文化 ······································ 90
　　第一节　秦腔与关中地方戏曲 ·· 90
　　第二节　皮影与提线木偶 ·· 94
　　第三节　仙乐悠扬 ·· 96
　　第四节　鼓舞铿锵 ·· 97

第八章 关中地区工艺美术与武术文化 ······························· 105
　　第一节　关中剪纸 ··· 105
　　第二节　凤翔木版年画、泥塑与脸谱 ································ 106
　　第三节　关中陶瓷、造纸与面花 ···································· 109
　　第四节　陕西红拳 ··· 112

参考文献 ·· 119

第一章 关中地区传统文化根基

第一节 关中与关中人

一、关中乃天府之国

关中位于黄河中上游，北临陕北黄土高原，南接陕南汉中盆地，渭河横贯，三渠分流，土壤肥沃，地势险要，号称"八百里秦川"。自古以来，一直是兵家必争之福地。历史上有13个王朝曾在这里建都，杜甫有诗："秦中自古帝王都。"而众多帝王将相的陵墓都埋葬于此，周陵、秦陵、汉陵、唐陵、明陵鳞次栉比，故俗语谓："南方的才子，北方的将，咸阳塬上埋皇上"。这里还是丝绸之路的起点，是道教、佛教、伊斯兰教文化的汇聚之地。

"关中"之名古已有之，其地域范围有"小"和"大"之分。"小关中"包括了宝鸡、咸阳、西安、铜川、渭南5个地市，"大关中"从潼关往东延伸150千米，北至黄河以南，西到甘肃的天水、平凉、庆阳，南到秦岭至华山之阳洛南。

古人所记"关中"之名，其地域范围虽颇有出入，但均以今之所谓"小关中"为核心，或由此向外延伸。潘岳《关中记》记载："秦，西以陇关为界，东以函谷为界，二关之间，是为关中。"胡三省注《资治通鉴·秦纪》（三）记载："秦地西有陇关，东有函谷关，南有武关，北有临晋关，西南有散关，秦地居其中，故曰关中。"可见关中即秦地，秦地即关中。

关中人擅长农耕，关中因此被誉为"天府之国"。纵横家苏秦游说秦惠王时称："秦四塞之国，被山带渭，东有关河，西为汉中，南有巴蜀，北有代马，此天府也。"（《史记·苏秦列传》）

《史记·刘敬叔孙通列传》记载，西汉初年（前202年），娄敬建议刘邦定都关中，理由便是："夫秦地被山带河，四塞以为固，卒然有急，百万之众可具也。因秦之故，资甚美膏腴之地，此所谓"天府"者也。陛下入关而都之，山东虽乱，秦之故地可全而有也。"

刘邦的"智囊"张良也认为关中是"金城千里，天府之国"，他曾说："夫关中左崤函，右陇蜀，沃野千里，南有巴蜀之饶，北有胡苑之利，阻三面而守，独以一面东制诸侯，诸侯安定，河渭漕挽天下，西给京师；诸侯有变，顺流而下，足以委输。此所谓金城千里，天府之国也。"（《史记·留侯世家》）

国学大师梁启超总览中国地理，亦不无感慨地说："此地积千余年之神英，而黄河上游，遂为全国之北辰，仁人君子之所经营，枭雄桀黠之所搀夺，莫不在于此土。取精多，用物宏，故至唐而犹极盛焉"。

缪希雍说："关中者，天下之脊，中原之龙首也。"（《葬经翼》）历代仁人志士，无不把经营关中作为职事之一。他们均指出，关中人杰地灵，利于厚生。

二、关中人的气质禀赋

所谓一方水土一方人。水深土厚、富饶肥沃的关中大地，在几千年的历史长河中塑造了关中人尚气崇力、质实刚毅的气质禀赋。《吴子》记载："秦性强而地险，其政严，赏罚信，其人不让，皆有斗心。"

宋代大理学家朱熹在他的《朱子诗传》里对秦人作了精辟的论述："秦之俗，大抵尚气概，先勇力，忘生轻死，然本其初而论之，岐丰之地，文王用之以兴。二南之化，如彼其忠且厚也。秦人用之，未几而一变其俗则已，悍然有招八州，而朝同列之气矣，何哉？雍州土厚水深，其民厚重质直，无郑、卫骄惰浮靡之习，以善导之，则易于兴起，而笃于仁义。以勇驱之，则其强毅果敢之资，亦足以强兵力农，而成富强之业，非山东诸国所及也。"

唐人李筌《太白阴经》中臧否各地人物曰："秦人劲、晋人刚、吴人怯、蜀人懦、楚人轻、齐人多诈、越人浇薄、海岱之人壮、崆峒之人武、燕赵之人锐、凉陇之人勇、韩魏之人厚。"

《绀珠集》也记载："西北，天地之劲力，雄尊而严，其土高，其水寒，其生物寡，其财确，其人毅而近愚，饮淡而轻生，士沉厚而慧，挠之不屈。"

从这些史料的记载来看，秦人性格特征的形成确与其所处的历史环境和生存环境密切相关。从文化基因上说，西北多黄土高坡，故其人重厚朴鲁，人性刚猛。南方多水，得江山之秀，明慧文巧，故人情宽缓和柔，多显轻浅。这是不同地域对南北民风民俗文化造成的不同影响。

第二节 关中——华夏农耕文明的发源地之一

一、中华文化的多元发生

如果把中华文明比作一条源远流长的长河，那么追本溯源，它的源头则是一片浑茫的云天，轮廓既不清晰，内容亦显模糊。上古文明留下的蛛丝马迹，只不过是后人对其的追忆美化而已。随着学者的深入研究，人们逐渐达成共识，即中华文明并不发源于某一人、某一地、某一时，而是多元发生的结果。

徐旭升学者在《中国古史的传说时代》中，把中华文明的发源归于3大集团，分别是华夏集团、东夷集团和苗蛮集团。3大集团融合斗争，最终形成了华夏一族。

而苏秉琦先生则从经济学的角度探讨了中国文化的起源，他在《重建中国古史的远古时代》中，把新旧石器交替之前的中国文化分为3大农业经济区，分别是以黄河流域为中心的旱地粟作区，以长江流域为中心的水田稻作区，以东北、内蒙古和西北为主的渔猎以及游牧区。而到了距今约7000～5000年前后的新石器时代晚期，中国境内古代居民的社会发展，则继续呈现分区分系并行发展的态势。其中，较为重要的文化区系有：黄河中游一带以仰韶文化为代表的中原文化区；黄河下游一带以大汶口文化为代表的海岱文化区；燕北、辽西一带以红山文化为代表的燕辽文化区；长江中游一带以大溪文化为代表的两湖文化区；长江下游一带以马家浜——崧泽文化为代表的江浙文化区；长江以南以石峡文化为代表的珠江流域文化区。

不同的农业文化区孕育了不同的民风民俗，最终在统一的中华文明内，形成了"百里不同风，千里不同俗，户异政，人殊服"的文化风貌。

二、关中人长于稼穑

在诸多农业文化区域内，关中以其土肥水深、稼穑丰盈最终成为中华文化的摇篮之一。即苏秉琦先生所谓的以黄河流域为中心的旱地粟作农业区。

关中人长于稼穑、善于农战，关于这一点古人早有定评。司马迁在《史记·货殖列传》中记载："关中自汧、雍以东至河、华，膏壤沃野千里，自虞夏之贡以为上田，而公刘适邠，大王、王季在岐，文王作丰，武王治镐，故其民犹有先王之遗风，好稼穑，殖五谷。"这里的"其民犹有先王之遗风，好稼穑，殖五谷"是说关中人有他们祖先恪守农耕的良好习俗，即长于播种、善于耕地。

这一传统流经千年而不衰，造就了中国农耕文化的特征。几千年来，关中人"日出而作，日入而息，凿井而饮"，躬耕田畴，安土重迁。中国传统文化由此步入农业发展的恒定轨道，从统治阶层到普通民众无不认同奉行。《周易·象传》说："不耕获,为富也。"周公旦也说:"呜呼,君子所其无逸,先知稼穑之艰,乃逸。"(《尚书·无逸》)战国中期,商鞅入秦辅助秦孝公变法,便把"尚农"作为富国强兵的基础。他三令五申要求保护农业、农民、农田,制止各种"不作而食",由此形成了秦地"重农抑商"的政策,对后世影响深远。秦相吕不韦在《吕氏春秋·上农》中说:"霸王有不先耕而成霸王者,古今无有,此贤者不肖之所以殊也。"秦王嬴政能"吞二周而亡诸侯,履至尊而制六合",与尚农政策有莫大的关系。至汉文帝刘恒,仍发布诏书曰:"农,天下之大本也,民所恃以生也。而民或不务本而事末,故生不遂。"(《汉书·文帝纪二年》)。由此可见,关中人长于稼穑,定都于关中的历代政府亦把务农视为国之根本。

三、农耕始祖在关中

尽管各大农耕区对中华文明的繁荣皆有贡献,但从古至今,士大夫和民众普遍认可关中才是中华农耕的正宗发源地。

作为华夏族的始祖——炎黄,从一开就引领中华民族走上了农业发展的道路。

史书记载,黄帝在农业生产方面有许多创造发明:以步丈亩,穿土凿井,对农田实行耕作制,及时播种百谷,发明杵臼,开辟园、圃,种植果木蔬菜,种桑养蚕,饲养兽禽,进行放牧等。此外,黄帝还在缝织、制陶、建筑、交通、兵械、日常生活等方面都有重要贡献。

炎帝也是如此,他制耒耜、种五谷,奠定了农工基础;立市廛,首辟市场;治麻为布,民着衣裳;制作陶器,改善生活。可谓泽被万代,功遗至今。

周人的始祖"后稷",也被认为是农耕业的始祖。《诗经·大雅·生民》有:"诞实匍匐,克岐克嶷,以就口食。蓺之荏菽,荏菽旆旆。禾役穟穟,麻麦幪幪,瓜瓞唪唪。"

诞后稷之穑,有相之道。茀厥丰草,种之黄茂。实方实苞,实种实褎,实发实秀,实坚实好,实颖实栗。即有邰家室。

诞降嘉种,维秬维秠,维穈维芑。恒之秬秠,是获是亩;恒之穈芑,是任是负。以归肇祀。

后稷的诞生,颇富传奇色彩。据说,他的母亲姜嫄有一天在郊外行走,不小心踩到了一个巨人的脚印,于是感孕生子,有了后稷。她万分担忧,以为不祥,便抛弃了后稷,并且给他起名为"弃"。可是无论把他抛到哪里,后稷的生命力都非常旺盛。把他丢在小巷里,牛羊爱护喂养他;把他丢在树林里,樵夫砍柴救了他;把他丢在寒冰上,大鸟展翅温暖他。后稷还在地上爬的时候,就能够自己觅食了。待稍长一些,就会种植大豆等作物,他种植的作物长得非常好,谷穗垂垂、麻麦繁茂、瓜儿累累。他善于选用良种,并且推广了好种子,糜子、高粱在他的经营下产量很高，后来人们便尊他为农业始祖。

后稷之后，公刘来到了邠地，大王、王季又再次迁到了岐山，文王、武王经营了丰镐，周人最终在这些明主的带领下发展壮大。直到武王伐纣"小邦周"才取代了"大邑商"，中华民族的历史翻开了新的一页。

"周邦虽旧，其命维新。"生活在渭水以北的黄土高原上的周人，就这样在邦族的壮大中带动了农业的同步发展，而农业的不断发展又影响着上层建筑的日益成型，周公的制礼作乐便是水到渠成的事情了。《尚书大传》说："周公摄政，一年救乱，二年克殷，三年践奄，四年建侯卫，五年营成周，六年制礼作乐，七年致政成王。"西周时期确立的宗法制度不但适应了当时经济的发展，更对中华民族以后几千年的文化定型打下了坚实的基础。所以孔子说："周监于二代，郁郁乎文哉，吾从周。"

从黄帝、炎帝开启农耕文明的大门，到造极于周人始祖后稷，再到几代周人先祖的发展壮大，使得农耕文化根植于秦地、凸显在关中。不但在农耕史上奠定了以关中为核心的局面，还在政治史、文化史上谱写出关中文化厥功甚伟的鸿篇巨制。

周人身上禀赋的耕稼精神，除了历史的良好传承外，显然还与关中的水土有关。这里泾渭分明，汇注黄河，水系发达，平原广阔，无不为农耕提供着优良的环境。周人获此天赐，因此砥砺从之，也就是必然之举了。

第三节 关中的农业民俗

一、农业的民俗观照

面对源远流长的关中农业、如火如荼的关中农耕，倘若锱铢必较，则会流于农林家研究之嫌。对待关中农业，我们不妨选择民俗学的视角。事实上，也只有从民俗学的角度对其进行研究，才能更深度地挖掘蕴藏在关中农业农耕场景下的风土人情。

苏轼说过："人之寿夭在元气，国之长短在民俗。"这算是极高明之见了。如今，我们常说的"入乡问俗""入乡随俗"不也是这个意思吗？

民俗是什么？简言之，民俗即民间风俗，但这里面包含着丰富的含义。民俗是指一个国家或民族中广大民众所创造、享用和传承的生活文化，它起源于人类社会群体生活的需要，在特定的民族、时代和地域中，不断形成、扩大和演变，为民众的日常生活服务。民俗一旦形成，就成为规范人们的行为、语言和心理的一种基本力量，同时也是民众习得、传承和积累文化创造成果的一种重要方式。

面对关中的农耕文化，不仅要留意它的生产工具、农耕场景，更应该品读其中透出的关中人的精神气质。事实上，一切劳动都来源于人且为人服务。正如英国民俗学家班恩所说："引起民俗学家注意的，不是耕犁的形状，而是耕田者推犁入土时所举行的仪式；不是渔网和渔叉的构造，而是渔夫入海时所遵守的禁忌；不是桥梁或房屋的建筑术，而是施工时的祭祀及其建筑物使用者的社会生活。"

以下的内容，我们不妨从民俗的角度来研究关中的农业。

二、关中农谚

在长期的农耕生产中，关中人总结出了很多的农谚。"农谚"又叫"庄稼话""种田经"，是古人对农业生产规律的科学总结，也是旧时代里农民的种田指南。如关中人在初一五更有预测天气的习俗："元旦，甲乙丰，丙丁旱，戊己虫雨伤，……壬癸潦。"又说："元旦，宜晴不宜阴，是曰宜雪，必兆旱。"

种田需除草，所以关中人讲："地头地边没有草，庄稼少受虫虫咬。""要想庄稼长得好，庄稼地里不见草。""要想病虫少，除净田中草。"

种麦子的地方说"麦子怕冬旺，耙耘碾锄一齐上。""麦子要好，三年一倒。"种玉米的地方则讲究"玉米除得嫩，如同上道粪"。

预测天气有利于农业生产。"早霞不出门，晚霞行千里"，又说"东虹日头西虹雨"，是说东边出现了彩虹，说明东方空气中水气较大，云雨将移出本地，天气将转晴；西边出现彩虹时，西方的云雨将移入本地，天气将转阴为雨。

三、关中农耕器具

八百里秦川，以黄土高原为主，虽有"八水润长安"的美誉，却因总体气候偏旱而呈现出谷麦多于水稻的景观。故关中农耕器具亦颇有深挖厚耕之特点。

关中人重牛耕，牛为关中人之好帮手。牛耕最早出现在春秋战国时期，当年秦孝公任用商鞅进行变法，商鞅认为以马耕地不如以牛耕地有力，遂大力提倡"牛耕"，马匹渐成拉车之专用。为此，商鞅规定"盗马者死，盗牛者加。"

牛须与铁犁配合使用，方能耕地。铁犁由犁辕、犁铧、犁面、犁梢、犁把组成，产麦区耕地时，秦人用牛或人力牵引铁犁，牛在前面拉，人在后面推，赶牛人常执鞭赶牛，以激发牛力。犁铧入地破土，往往入土约20厘米。秋田需翻两次地、麦田需翻3次地，翻地至地虚土绵方才作罢。

关中土厚，故种地前需用耙具耙地。耙具，又称"耙"或"耙床"。一般为木质长方形。耙的前后梁上，留有前九后十固定交错的齿孔，上装梭锥形耙齿。耙地时，牲畜在前牵引，人在耙后指挥。土广地深处，人立于耙床之上或在耙床上放一筐石块，以增加重量、保持稳定，俗称"压耙"。耙地的方法多种多样，分"顺耙""条耙""斜耙""锁耙"等方法。耙地的目的在于翻耕虚地中的杂草和麦茬,通过耙地,可以把杂草拉碎、把土块磨平,便于耧播下种。

秦人俗谚说:"耙刺短,耙刺弯,耙过土地绵又绵,无杂草,无禾楂,适时下种最好田。"

山地或狭窄地带用镢头或锄头翻地。镢头和锄头类似,皆由铁质的一头和木质手柄连接而成。不同之处在于镢头短而锄头长,镢头的功用在于翻地而锄头重在除草。刨地时,两手紧抓手柄,卖力向下,即可翻土。陕西人讲"一镢头挖不了一口井",即是形容凡事要持之以恒,不能操之过急。由此亦可见当日耕地刨土之辛苦。使用镢头或锄头刨地时,柄与头容易脱落,故需要经常倒立镢头或锄头,使手柄端与地面碰撞,促成木柄与铁质部分加紧。镢头或锄头使用完成之后,要用干草或木棍除去铁器上的湿土,避免生锈。

土地平整翻虚后,即可耧播。耧播要用耧。耧乃最好的播种工具,相传由西汉赵过所创。陕西人用的耧一般由耧架、耧干、耧斗、耧腿和耧铧组成,分为两腿耧和三腿耧。播种时用牲口拉耧,耧边一人扶耧牵引,俗称"帮耧"。

播种前,扶耧者要先用"耧耙"定仓眼。播种中,贵在耧身平衡、速度匀称。因此,耧播时至少需要两人操作,其中一人牵引牲口,引导方向,另一人在耧后掌耧,并左右摇耧。眼睛须臾不离耧斗中的耧眼,以确保下籽的多少。牲口前进,耧铧破土,耧籽从大斗中掉至小斗,被空悬的木耧葫打散,随机进入小斗底部的3个孔眼,再经过耧筒、耧腿洞溜至耧脚,最终播入耧铧翻起的虚土内。播下的种子讲究均匀有落,因此耧播对播种人的技巧、精力、思想集中度、反应的灵敏度都是一个考验。秦人长于耧播,摇耧时往往能做到"眼瞅籽眼手摇耧,脚踏土块口吆牛;指挥牵畜准确走,不套不遗匀耧沟"。

不得不说的是,这种在关中大地使用了2000多年的传统耧播方式正逐渐被现代化的机械播种所取代。而耧,已成为了民俗博物馆中的陈列。

播种后,须用砘子覆土。其目的在于掩埋种子,以避免种子裸露或被鸟兽虫鼠偷食。砘子外形类似于今日运动会上的杠铃,不同之处在于其中间为木头所制,两边是专门打磨做成的圆形石头。覆土时用两边的圆形石头在松土上反复碾压,以保证压实松土、种子被彻底覆盖。

麦子长成,须用镰刀割麦。镰刀可砍柴、割草、割麦,割麦镰刀俗称刃镰,由薄刀片、丁字形木架和钉巴装套组合而成。割麦时,一手抓麦,一手割麦,方向为由外而内。手法一定要娴熟,否则会伤到自己的脚或腿。

场是晒麦子的地方,需用碌碡压制而成。碌碡由细沙石加工而成,呈直桶滚圆状。一般长约33厘米,两侧石径约33厘米多的等圆平面,两侧平面中装有铆,安装上圆木轴。压麦子前,由人或牲口牵引碌碡将选取的场面压平、压实、压光,然后平铺麦子于场上,此时,便可打麦子了。

场中打麦，须用连枷。连枷由一个长木柄和一排竹条构成，用来拍打谷物，使谷粒脱落。据说连枷在战国时期就已经出现，一度曾作为打仗用的兵器，但其主要功能是脱粒的手工农具。

用连枷打谷时，人们或三三两两，或成群结队。在歌声中、笑声中、敲打声中，谷粒就被打出来了。三秦大地上，我们经常见到这样的景象：几十人集结在一起，各执连枷，分成两排，对面而站，纵横拍打，你上我下，节奏分明，砰砰啪啪，错落有致。此情此景，往往上演出农耕时的乐趣与愉悦。

宋代田园诗人范成大在《四时田园杂兴》中写道："新筑场泥镜面平，家家打稻趁霜晴。笑歌声里轻雷动，一夜连枷响到明。"就是对当年打谷场面热情洋溢的实况记录。

麦粒脱落后，需要用石磨将其磨成面粉。石磨产生年代久远，据说在战国时期就已经流行，在西汉得到了长足发展。石磨种类繁多，不仅可以磨麦，还可磨玉米、豆子，将其加工成粉或浆。之前以人或家畜拉石磨，故有"驴子赶到磨道里——不转也得转"这样的歇后语，晋代出现了以水作动力的水磨。石磨的一般构造为：在石板上置一圆石，圆石与木架相接，推动木质手柄，圆石即可转动（一般为顺时针）。撒小麦于石板之上、圆石之下，小麦即在石磨的碾压中变成粉末，磨成的粉末称"面粉"。关中人用面粉可做各种面食，如馒头、水饺等。

四、"二十四节气"与关中农耕文化

"二十四节气"是中国古人为了更好地把握天象和自然季节变化，以指导农事而订立的补充历法，是中国历法的独特创造。放眼世界，也只有中国人在勤勉的农耕生产中善于总结农耕规律，并以其创造的"二十四节气"如此精准无误地指导着农耕生产而历千年不衰。

其规律是，根据太阳1年内的位置变化，以及由此引起的地面气候的演变次序，把一年分成二十四节气，每个节气约间隔半个月的时间，分列在12个月里。这种由太阳运动而确立的历法，因诞生于农耕并指导农耕，故又称"农历"。

早在3000年前的西周时期，就有了春、夏、秋、冬四季的称呼。秦国重臣吕不韦及其门客撰述的《吕氏春秋》中，已初步出现了立春、春分、立夏、夏至、立秋、秋分、立冬、冬至这8个节气，算是"二十四节气"的雏形。至西汉，《淮南子·天文训》中首次有了完整的"二十四节气"：立春、雨水、惊蛰、春分、清明、谷雨、立夏、小满、芒种、夏至、小暑、大暑、立秋、处暑、白露、秋分、寒露、霜降、立冬、小雪、大雪、冬至、小寒、大寒。以其反映四季、气温、降雨、物候等方面的变化，非常实用。

二十四节气农谚流传在关中人的口中，时常可以听到。例如，"立夏前后，按瓜种豆"即是说立夏前后要开始种植甜瓜、南瓜、谷子、高粱、黑豆、小豆等作物。此外还有"清明种老麻""小满跟前种山药""谷雨种棉花,不要问邻家""头伏荞麦,二伏芥,三伏里中大白菜"等。

第四节 关中农耕生活民俗

一、农耕孕育关中人的生活

特色的关中农耕孕育了特色的关中生活。关中人的生活,深深地打下了农耕文化的烙印。

和南方的以种植水稻为主不同,关中以种植麦稷为主。麦子一般被加工成面粉,再做成馒头、面条、烙饼、包子、饺子等。秦人以面食为主,面食含糖量高、热量大,食之可使脾胃厚实,故秦人尚力好斗。《吴子》中说秦人"皆有斗心"还只是从"秦性强而地险,其政严,赏罚信,其人不让"的角度而言的。朱熹认为关中人"尚气概,先勇力,忘生轻死"也是从"雍州土厚水深,其民厚重质直"来讲,均尚未从饮食入手。事实上,正是饮食文化暴露出了关中人的气魄胸襟。关中人的这种"悍然有招八州,而朝同列之气"孕育了秦统一六国的盖世功绩,更留下了关学代表人物张载"为天地立心,为生民立命,为往圣继绝学,为万世开太平"的千古宏愿。

二、面食关中

关中人好吃面。以岐山臊子面、biángbiáng面为主。前者产于关中宝鸡,以酸爽见长;后者产于关中咸阳,以劲道厚实见长。后者还为"陕西八大怪"之一,讲究长而不断、厚而劲道,伴着秦椒制成的红辣椒汁,耐嚼有韧性,入口别是一番风味。

著名学者张志春先生提出,"biángbiáng面"即"饼饼面"读音儿化后的音变。梁澄清先生随即对其进行了反驳,希望从田野考察的角度揭开其非"饼饼面"的真相。

事实上,从"秦音、秦字、秦人"的角度来解读这种面食才是最合理、最科学的途径。从"秦音"的角度看,"biángbiáng面"的发声,应源于妇女洗衣服时用棒槌捶打湿衣时发出的声音。据广泛考证,较为准确的说法是秦人用盐水和面,将面团置于石头或案板上用棒槌捶打,直到面团光滑、均匀之后,再用擀面杖擀成大面片,然后切成像裤带一样的宽面下到沸腾的滚水锅中,至于后来扯面时摔打案板或擀面杖在案板上击打时发出的声音是"ba"或"bia",而"biáng"则消失了。这种响亮而浑厚的"biáng biáng"声也就成了"biángbiáng面"名称的由来了。

民谣对该字的组合说法是:"一点飞上天,黄河两道湾,八字张大口,言字往进走;左一扭,右一扭;东一长,西一长;中间加个马大王。月字旁,心字底,钉个钩搭挂麻糖,推个车车逛咸阳。"这个字由10个文化元素组成,包含了秦人秦地丰富的民俗文化内涵,向人们传达出秦人特有的文化信息,如秦人的地理环境、居住形式、饮食习惯、审美情趣、心理品格、民族精神等。

"biáng"字,一个"穴"部说明了以黄河中上游的渭河流域为中心的秦人,在古代是以穴居为主的,至今咸阳北原还存有这种居住方式;"言"字其实是"盐",盐是文明的尺度。历史考证表明:在我国,生活在黄河流域的古代先民,很早就接触到天然池盐了。秦地地处黄河流域,是最早使用盐的地域之一。盐为百味之祖,是秦人饮食中的主要调料,现在关中农村还流行着"好厨师,一把盐"的口谣。用盐水和面才能使面筋道,而"biángbiáng面"就是用盐水和面的;关于"糸"和"长"这两个字充分体现了秦人在制作"biángbiáng面"过程中的动作以及品尝之后的愉悦情态。"糸"与"长"左右各一,对称和谐,体现了秦人追求和谐对称的审美心态和心理倾向;一个"心"字则传递了秦人忠厚朴鲁,诚信热忱的秉性;左边"月"字通"肉",段玉裁在《说文解字注》中对"月"字解释说:"皮近肉,故字从肉。"肉是副食之首,彪焊强健的秦人喜食牛羊肉,体现了秦人"虎狼之师"的饮食习惯;"马"和"戈"字,就更能体现秦人的尚武、尚勇精神,马在我国古代是一个国家强盛的象征,尚武必然爱马,而且关于"马大王"的传说,指的是秦将白起当年战胜赵奢后裔"马服诸侯王""坐车回咸阳"告功还乡的故事。"戈"者,兵器也,《诗经·秦风》就有"岂曰无衣?与子同袍。王兴于师,修我戈矛"的记载。"推个车车逛咸阳"实际上点明了这个字是在以咸阳为中心的秦地所产生的。"biáng"字虽为民间造字,但的确倾注了秦人的无限智慧。

再从秦人的自然禀赋来看,除了"皆有斗心""尚气概"外,还呈现出"人性强悍,不循礼法公事……俗轻生重死,侮性忘义。"(《上官融友会谈丛》);"长安险绝之土,民多刚强。"(《魏书·陆俟传》);"率直不阿,激之挺险,则粗莽不驯,渐之礼教,则节义可鼓。"(《兴平县志》);"礼俗素称简朴,习尚博悍,近日且器讼成风矣。"(《礼泉县志》)等特点。这些特点与秦人的面食相得益彰,阐释着"面食"在秦人生命中的作用,又反过来说明正是因为有了这样的面食才有了如此彪悍威武的关中大汉。

岐山臊子面是陕西关中地区的一种传统特色面食,又称"岐山铡面"。相传已有3000多年的历史,从周代开始,一直沿袭至今。岐山臊子面五色独具,五色即红(辣子)、白(豆腐)、黄(黄花菜)、黑(木耳)、绿(蒜苗或韭菜)。

岐山臊子面的特点,可以概括为"九字令":"薄、筋、光、煎、稀、汪、酸、辣、香。""薄、筋、光"指面条之质;"煎、稀、汪"指汤水温度要高,面少汤多,

第一章　关中地区传统文化根基

油、肉要多;"酸、辣、香"指调味之美。岐山臊子面与一般面条不同,其薄如蝉翼、细如丝线、滚水下锅,莲花般转,捞入碗中一窝丝,浇上臊子汤,只吃面条不喝汤。

关中西府人逢村里唱戏,婚、丧、嫁、寿等红白喜事,或逢年过节,或走亲访友时,都用臊子面款待宾客。

台湾师范大学教授赵宁博士在《赵宁留美记》一书中赞扬岐山臊子面"精彩无比",并奉劝"读者诸君,没有尝过的,赶紧拜访陕西乡党,讨来吃吃。天下美味,不过如此!"

凉皮也是陕西小吃里的精品,陕西著名的凉皮有擀面皮和米皮等。

擀面皮,是关中西府宝鸡的代表小吃之一。口感筋道柔软,四季皆有、老少咸宜。夏天天热时,一碗酸辣凉香的擀面皮搭配着腊汁肉夹馍,美味十足;而冬天,把擀面皮在锅里炒热吃,同样提神爽口。

有人说,宝鸡的擀面皮由唐代的冷淘面演变而来。也有人说擀面皮由岐山人王同江在清代康熙年间创制,后从北京皇宫带回故乡。众说纷纭,莫衷一是,但其受到关中人之喜爱是公认的。

除了擀面皮,户县秦镇的米皮同样大有名气。

秦镇米皮以户县当地的籼米制成,讲究"筋、薄、细、软"。卖秦镇米皮的关中人,往往支一摊位,当着顾客的面,手持大刀,将蒸好的一张张米皮切成细条,拌上辣椒油、醋和盐,加上芹菜丁和豆芽、黄瓜丝等小菜,便可食用了。

关中长期以来流传着"乾州的锅盔岐山的面,秦镇的皮子绕长安"的说法,足见其影响之大。

坨坨是关中的另一种面食。它与面条、面片都不同,面条长、面片短,且都不厚。坨坨虽不如面条长,但却比面条宽、比面片厚,形状呈椭圆形。

坨坨发源于关中周至县翠峰乡。翠峰坨坨逐渐从翠峰走出周至,再从周至进入西安,最终誉满三秦。

坨坨从何得名?现在很难说清。当地人的解释是其形状似椭圆形,因此叫的时间久了便成了"坨坨"。

坨坨的制作过程是把面和水和在一起,反复揉压直至劲道。用手把面撕成椭圆形的片状,厚薄自己掌握,然后下锅与绿色蔬菜同煮。煮好之后,浇上特质的酸辣汤水就可食用了。

坨坨讲究"筋、光、薄、辣、香",与加入臊子、葱、蒜、韭菜制成的酸辣汤水浑然一体,让人吃了口含余香。

如果说面食是关中人的家常便饭,那么"羊肉泡馍"则是陕西人餐桌上的上等佳肴。关中流传着"六月六,新麦子馍馍熬羊肉"的说法。

"羊肉泡馍"乃"牛羊肉泡馍"的简称,实际上包括"羊肉泡馍"和"牛肉泡馍"两种,据说由"牛羊羹"演化而来。周公制礼作乐,西周时朝廷曾一度将"牛羊羹"列为君王、诸侯的"礼馔"。《宋书》还记载了这么一则故事：南北朝时，毛修之因向宋武帝献上牛羊羹这一绝味，被宋武帝封官，后升为尚书光禄大夫。还有宋太祖赵匡胤发明了"羊肉泡馍"的传说，但现在看来，显然为后人杜撰，无非是为了抬高"羊肉泡馍"的身价而已。但由此亦可见，关中人对羊肉泡馍的喜爱程度。

羊肉泡馍的吃法有一定的讲究。顾客以自己饭量的大小先购买特制的馍饼，然后坐在自己地位置上或慢条斯理或迫不及待地将手中的馍饼掰成小块，掰得越小越好。将掰好的馍放到大碗中，递给店伙计，店伙计将每个人的碗端入厨房。掌勺的厨师将已经切成片的熟羊肉或牛肉片放在馍上，再配以粉丝、豆腐干、木耳等配料，添入肉汤，而后烹煮。馍的大小、汤的多少皆有比率，务必以馍定汤、原汤入馍。将泡馍煮热后，再给顾客送上腌制的糖蒜、特造的辣酱，便可开吃了。羊肉泡馍是西安饮食的象征，所以有人说："到了西安、吃了西安的羊肉泡馍，才算吃过西安的饭。"

关中有名的小吃还有腊汁肉夹馍。腊汁肉夹馍由腊汁肉和白吉饼组成，产自秦地，源于战国时期，距今已有2000多年的历史。其肉在战国时称"寒肉"，经世代流传、演变，遂成今日之秦味腊汁肉。其特点是馍脆而劲、肉瘦不柴，馍肉一体，嚼头十足。

生于斯、长于斯的关中人，在土厚水深的三秦大地、在亘古不变的历史长河中，创造了光辉灿烂的农耕文化，又上演了一个个可歌可泣的生活场景。个中折射出来的关中文化，宛如天际的星辰，夺目、耀眼、深情！

第二章 关中民间信仰文化

第一节 以佛寺、道观为主的宗教信仰

一、佛教信仰

民间信仰是指民间群众自发地对民间中具有超自然力的精神体的信奉与尊重。我们从民间信仰产生、生存的土壤入手,从民众信仰的空间角度将民间信仰划分为以佛寺、道观为主的宗教信仰,以乡村、社区为主的村社信仰和以家庭为主的家神信仰。关中地区作为中华文明的发源地和农耕文化的发祥地,长期以来一直是我国重要的政治、经济、文化中心,自古至今,蕴藏着丰富的民间文化资源。

关中地处渭河平原,南有秦岭,北有北山山脉,气候温和湿润,经过丰富的自然水系长期冲积,形成了肥沃的平原,号称"八百里秦川"。"秦川自古帝王州",关中作为周、秦、汉、唐等10多个王朝的政治,经济和文化中心,在中国历史上占有重要地位,也孕育和创造了丰富灿烂的物质文明和精神文明。

原本产生于印度的佛教自汉末传入中土,早在两晋、南北朝时期,关中就成为了北方的佛教中心。一些信仰佛教的西北少数民族内迁,逐步在长安建立政权,他们深信"佛是戎神,正所应奉",使得佛教异军突起、迅猛发展。到了隋唐时代,长安不但成为了国际化帝都,也成为了当时佛教的中心。中国佛教八宗(禅宗、天台宗、华严宗、法相宗、三论宗、净土宗、律宗、密宗)中有六宗直接起源或创立于长安,佛教宣扬的许多思想在普通民众中产生了广泛影响,因此关中地区形成浓厚的佛教民间信仰。

法门寺,位于陕西省扶风县城北10千米的法门镇,东距西安市110千米,西距宝鸡市90千米。建于东汉末年恒灵年间,发迹于北魏,起兴于隋,鼎盛于唐,被誉为"皇家寺庙",因安置释迦牟尼佛指骨舍利而成为举国仰望的佛教圣地。距今约有1700多年的历史,有"关中塔庙始祖"之称。

青龙寺,又名石佛寺,位于西安市城南铁炉庙村北的乐游原上。前身是灵感寺,建于隋文帝(杨坚)开皇二年(582年),于唐朝初年(618年)废弃不用。唐高宗龙

朔二年（662年），城阳公主因病请法朗法师诵《观音经》祈佛保佑。病愈后，法朗禅师奏请在当时的灵感寺旧址上重建了观音寺，唐睿宗景云二年（711年）改名为青龙寺。

大慈恩寺，位于西安市南郊和平门外的雁塔路，是法相宗的祖庭。唐高宗李治为太子时，为纪念他的母亲长孙文德皇后，于唐贞观二十二年（648年）下令在大明宫正南隋代无漏寺旧址上修建了大慈恩寺。

大兴善寺，位于陕西省西安市城南，是中国佛教密宗祖庭，始建于晋武帝泰始二年（226年），原名"遵善寺"。隋文帝杨坚在兴建都会大兴城（今西安）时，敕令建造了大兴善寺作为国寺。因隋文帝在北周时原为大兴郡公，故取"大兴"两字和"靖善坊"的"善"字命名。至唐代，与慈恩寺、大荐福寺并为长安城内3大译经中心。

香积寺，位于西安市西南约17千米的神禾原上，南临滈水，西傍滴水。唐高宗永隆二年（681年），净土宗创始人之一善导大师圆寂，弟子为纪念善导功德，修建了香积寺和善导大师供养塔，使香积寺成为中国佛教净土宗正式创立后的第一个道场。

净业寺，位于陕西省长安区丰裕口内，终南山北麓之凤凰山上。初建于隋，盛于唐。道宣律师曾在此潜心著述、弘宣律学，开创了中国佛教中的律宗，所以净业寺被尊为律宗祖庭。因寺在南山，故称其宗为南山律宗。

每当逢年过节，民间不少信众都到这些寺庙上香求佛，以求获得诸佛、菩萨的保佑，从而得以消除灾祸。除此之外，一些小佛寺也颇受广大佛教信仰者青睐，如位于南门外的卧龙禅寺，信众也非常多。

二、道教信仰

道教作为中国本土的宗教，起源于战国时的神仙方士和秦汉时的某些民间信仰，借用了先秦道家的名称以及众多术语，在形成及流传过程中又汲取了儒、佛两家的部分理念，故而从起源上看，它是一个相当冗杂的混合体。关中地区的道教信仰主要集中在楼观、重阳宫和八仙宫等。

楼观。楼观台位于关中周至县东南的终南山麓。楼观道派发端于周，兴建于秦汉，鼎盛于隋唐。据《楼观先师传碑》记载：楼观之兴，缘于周朝函谷关令尹喜来此修道，结草为楼，观星望气，自此始有楼观之名。后来老子李耳去周西行，路过函谷关时，尹喜把他接到楼观，执弟子礼，让老子在此讲授《道德》五千言，楼观便成为了道教的发祥地。唐初李渊为对抗门阀旧族、提高李氏皇族的地位，追封李耳（老子）为远祖，大力提倡道教，在楼观建造祖庙，并亲祀老子。唐武宗时兴道灭佛，并摩尼、景教、火教尽灭之，楼观道教势力隆隆直上，道士达二三百人。在唐朝历代统治者的提倡下，道教在唐蓬勃发展。宋太宗赵光义改宗圣观为顺天兴国观，亲书匾额，楼观道教至今仍然隆盛。

重阳宫，又称为重阳万寿宫，位于距户县县城1千米的祖庵镇。重阳宫是全真道祖师王重阳早年修道和葬骨之地，也是道教全真派的3大祖庭之首。金世宗大定七年（1167年），王重阳自焚其居，东行至山东宁海，得丘处机、刘处玄、谭长真、马钰诸弟子，创全真道教。王重阳卒后，弟子护送其遗骨葬于旧居。马钰（丹阳）掌全真教，于其地建立道观，手书"祖庭"两字为额。嗣后，王重阳弟子王处一上奏，请于其址建灵虚观，丘处机又请改名重阳宫。元世祖时乃更名重阳万寿宫。重阳宫在元代的北方道教中影响很大，居全真道3大祖庭之首。元世祖时，重阳宫奉敕更名为"敕赐大重阳万寿宫"，享有"天下祖庭""全真圣地"之尊称。元代时，重阳宫东至东甘河，西达西甘河，南抵终南山，北近渭河，全真道徒往往云集于此，最盛时近万人。明清以后屡遭破坏，宫院逐步缩小。

万寿八仙宫，为道教主流全真派圣地，又名八仙庵，始建年代不详。据乾隆《西安府志》和嘉庆《咸宁县志》记载，宋时有郑生于长乐坊遇八仙显化，遂建庵祭祀。位于西安市东关长乐坊，系唐兴庆宫局部故址。清光绪二十六年（1900年），八国联军入侵北京，慈禧太后和光绪皇帝来西安避难时曾住八仙庵，赠银整修，并颁赐庙额"敕建万寿八仙宫"，八仙宫因此得名。《历代真仙体道通鉴》说吕岩于唐会昌时在此遇钟离权为黄粱一梦所悟，遂入道，为"八仙"故事渊源。八仙宫以其美丽动人的"八仙"传说而享誉海内外，被视为道教仙迹胜地。"八仙"是道教传说中的8位神仙，即铁拐李、汉钟离、张果老、何仙姑、蓝采和、吕洞宾、韩湘子、曹国舅。每到农历四月十四、十五、十六日，八仙庵都要举行一年一度的庙会，届时周边地区的信徒和游客会纷纷来到这里，进行朝拜等宗教活动。

三、道教诸神的信仰

如今，人们对于佛菩萨和道教诸神仙的礼拜，已经逐渐超乎了传统，变为一种文化体验。除了这种以寺庙道观为主的宗教信仰外，民间还对道教诸神有着非常虔诚的信仰，例如对于人祖女娲、伏羲的崇拜等。

人祖奶——女娲。女娲是中华民族的共同人文始祖，是中华民族伟大的母亲。传说女娲炼石补天，抟土创造了人类，后世称为"人祖奶"和"玄母"，是中国古代神话传说中的造物主。《说文》云："女娲，古之神圣女，化万物者也。""一日七十化"就是说她每天要化育出许多东西，用了10天依次造成"一鸡、二狗、三羊、四猪、五马、六牛、七人、八谷、九果、十菜"。所以，农历正月初七是"人日"。传说在正月初七这天，她用黄土和水仿照自己的样子造出了一个小孩，但感到速度太慢，于是扯下一根藤条，蘸满泥浆挥舞起来，星星点点的泥浆洒在地上，都变成了人。《风俗通义》云："俗说天地开辟，未有人民，女娲抟黄土作人，剧务，力不暇供，乃引绳于泥中，举以为人。"所以，后世又将女娲尊奉为生育神"老娘女娲"。在抟黄土造出人类后，女娲又思考，怎样让人类永远生育和繁衍下去？如果要是死了一批，再造一批那太麻烦了，于是她自己充当人类的第一个"媒人"，把男孩和女孩配合起来，让人们懂得"造人"的方法，即依靠自己的力量传宗接代、繁衍下去。女娲在关中又被称为骊山老母，亦称无极老母。骊山，是秦岭山脉的一个支脉，因系西周时骊戎国属地，故称为骊山，唐时临潼名昭应、会昌，骊山又曾因此改名为昭应山、会昌山。周、秦、汉、唐以来，这里一直是皇家园林地，别墅众多。骊山曾被称为女娲炼石补天之处，《淮南子·览冥训》云："往古之时，四极废，九州裂，天不兼覆，地不周载，火炎而不灭，水浩洋而不息，猛兽食颛民，鸷鸟攫老弱于是女娲炼五色石以补苍天，断鳌足以立四极，杀黑龙以济冀州，积芦灰以止淫水。"

女娲通过炼五色石以补天，而她炼石之处就在骊山。《路史》云："女娲，立治于中皇山之源，继兴于骊。"《长安志》亦有"骊山有女娲治处，今骊山老母殿即其处"的记载。到了汉代，《汉书·律历志》将骊山老母称为"骊山女"，也是因其生活在骊山一带之故，"骊山女亦为天子，遂以为女仙，尊曰老母"。骊山乃老母炼石补天之座骑奉命而化之，腹有泉，出温汤，供人民沐浴，能医治多种皮肤顽症，故曰神汤，亦是老母之圣德也。骊山老母不仅是道教供奉祭祀的一位远古尊神，且民间祭祀老母的活动由来已久。农历正月二十日时民间制作面饼正是为纪念老母炼石补天之大功。六月十三是骊山老母庙会，历时5天。届时，各地香客、民众等数万人上山朝拜，祭祀这位功德无量的远古尊神，是正其源而志其德也。

此外，由于女娲在造人过程中充当了人类第一位媒人，所以又被称为"媒神"或"高媒"，即婚姻之神、媒人之祖。宝鸡凤翔宝玉山每年七月七，九天圣母女娲庙会至今不衰，一是为了祭祀人类祖先，同时也是为了祭祀这位媒祖之神。每年的二月至三月三，情投意合的男女青年会在女娲娘娘的庙前幽会，以天为帐、以地为床，谁也不能干涉，这就叫"天作之合"。

伏羲（生卒不详），姓风，又称宓羲、庖牺、包牺、伏戏，亦称牺皇、皇羲、太昊，史记中称伏羲。上古时代，在华胥国有个叫"华胥氏"的姑娘，到一个叫雷泽的地方去游玩，偶尔看到了一个巨大的脚印，便好奇地踩了一下，于是就有了身孕。她怀孕12年后生下一个儿子，这个儿子有蛇的身体、人的脑袋，取名为伏羲。伏羲有一个也是蛇身人首的妹妹，名叫女娲，号曰女希氏。伏羲取蟒蛇的身、鳄鱼的头、雄鹿的角、猛虎的眼、红鲤的鳞、巨蜥的腿、苍鹰的爪、白鲨的尾、长须鲸的须，创立了中华民族的图腾龙，"龙的传人"说法由此而来。伏羲仰观天上的云彩、下雨下雪、打雷闪电，看地上刮大风、起大雾，又观察飞鸟走兽，根据天地间阴阳变化之理，创造了八卦，即以8种简单却寓意深刻的符号来概括天地之间的万事万物。他模仿自然界中的蜘蛛结网而制成网，用于捕鱼打猎。他还创造了文字，替代了在绳子上打结的记事方法。

伏羲制定了人类的嫁娶制度,实行男女对偶制。用鹿皮为聘礼,并以所养动物为姓,或以植物、居所、官职为姓,以防止乱婚和近亲结婚,使中华姓氏自此起源并绵延至今。

除了女娲、伏羲外,还有对山神、雷公、电母等的祭拜,在民间流传颇广。

第二节 关中村社信仰

关中地区是我国人类与农耕文明的主要发祥地之一。在古代,人类在自然力面前显得软弱无力,民众便把希望寄托在对图腾、祖先和自然神的崇拜中。他们千方百计通过祭祀求得自然力和祖宗的护佑,在"万物有灵"与"天人合一"观念的支配下,出现了神灵崇拜和祭祀仪式,这也形成了我国民间的原始信仰。

一、城隍信仰

城隍神是我国原始信仰祭祀的自然神之一,最早见于《礼记·郊特牲第十一》:"天子大腊八。伊耆氏始为蜡。蜡也者,索也,岁十二月,合聚万物而索飨之也。""大腊八"是指年终祭祀的8位神,其中就有水墉神,也就是沟渠神。在古代,有水的城堑称为"池",无水的城堑成为"隍"。"城隍"泛指城池。原始崇拜认为,凡与人们日常生活有关的事物皆有神在,"功施于民则祀之,能御灾捍患则祀之"。城墙、城壕在保护一城百姓安全上,功劳甚大,于是水墉神便升格为城市的守护神。城隍信仰始自周代冬季报赛祭祀水墉神,至今已有近3000年历史。汉高祖立纪信为地皇,在上林苑(今西安市长安区王曲)为其建庙立祠,文景时改为城隍,随之成为十三省总城隍。宋明时,将城隍信仰列入国家祀典。明代朱元璋时,大封天下城隍神爵位,分为王、公、侯、伯四等,岁时祭祀。城隍是民间神祇,佛教在中国传播之后,由于接受了佛教的冥界思想,城隍神开始掌管阴间事物。西安都城隍庙供奉的是纪信,刘邦称帝后,追封为主持阴曹地府的"地皇",择上林苑(今王曲镇)修建大型庙堂并举行大规模的祭祀活动,影响广泛。"文景"时期,将"地皇"庙改为"城隍"庙,供奉的纪信也由地皇神变为城隍神。户县3个游城隍各有其人:大城隍纪信(传为户县渭丰乡真守村人),由定舟村等19个村轮祀;二城隍韩城(户县甘亭镇韩村人),东韩村等21个村子迎祭;三城隍周苛,由皇甫村等13个村接来送往。各村按照议定的路线依次接送、轮流致祭,循环往复。

二、石婆、石爷信仰

石婆、石爷位于长安区斗门镇南丰村，那里有个石婆庙，供奉着石婆、石爷的大型石雕像。据《汉书·武帝纪》记载，汉武帝意欲讨伐西南诸国，于元狩三年（前120年）下令在长安斗门开凿昆明池，以练水军，并按中国传统的空间观，在池的两侧立牵牛、织女石像。昆明池畔的牵牛石像高258厘米，右手置胸前，左手贴腹，身体呈跪状，上身微微向左扭转，大眼阔鼻，表情朴实憨厚；织女石像高228厘米，上身微微向右扭转，做笼袖罢织的姿势，表情忧郁，表现出被银河阻隔、不得与牛郎团聚的无奈神情。随着时间的推移，被传为2位神人，尊为"石爷""石婆"，久而久之，人们对偶像崇敬，便开始顶礼膜拜起来，修庙设案供奉。北宋宋敏求在《长安志》中写道："唐贞元十四年（798）置石父庙（今当地谓石爷庙），石婆庙在县西南三十五里昆明池右。"元代骆天骧编撰的《类编长安志》卷7"织女石"条引《新说》曰："汉昆明池今为陆地，有织女石，身长丈余，土埋至膝，竖发戟手怒目，土人屋而祭之，号为石婆神庙。"石婆庙规模虽小，却浓缩了七夕传统文化的精髓，依然保留着许多原生态的文化特征。《御览》卷31引东晋周处《风土记》："七月初七日，其夜洒扫于庭，露施几筵，设酒脯时果，散香粉于筵上，以祈河鼓织女，言此二星神当会守夜者咸怀私愿，咸云见天汉中有弈弈白气，有光耀五色，以此为征应。见者便拜而愿乞富乞寿，无子乞子，唯得乞一，不可兼求。"

每逢七夕，这里就会有祭拜石婆、耍巧娘、乞巧、赛巧、听牛女私语等民俗活动。向牛郎织女两星祈富、祈寿、祈子、守夜是古代七夕民俗活动的主要内容，长安石婆庙会民间习俗保持了古代七夕节俗的原生态。这里的老百姓认为正月十七是牛郎织女结婚的日子，对于他们的分离也有自己的说法。石婆庙里有一个3米见方的大石头，石面上有条像水冲的小渠，百姓们称之为"石炕"，其上有一半米长的石条，称之为"石枕"。传说有一天石爷不慎尿炕了，把炕冲了条小渠，石婆很生气，打了石爷一个耳光，一脚把石爷蹬到距石婆庙两千米远的斗门镇，石爷逃得匆忙，连石冠、石鞋（现已遗失）都落在了去斗门的路上，两个人从此分离，只能默默对视。每逢庙会，人们会给石炕铺上被褥，讲述这一动听的传说，上香磕头，祈盼他们在此重温洞房蜜月。

从此，牵牛织女就有了自己的香火福地，千百年来香火一直很盛。石婆庙是我国最早祭祀牛郎织女的庙宇，每月农历初一、十五是石婆庙的祭祀日，每年农历正月十七前后、农历七月七前后还有两次大型庙会活动：当地传说前者是牛郎织女结婚的日子；后者是牛郎织女鹊桥相会的日子。石婆庙大型庙会活动一般持续3至5天，香客以周边村民居多，远至长安周边市、县，乃至甘肃、山西、河南等省，高峰时每日多达数万人，敲锣打鼓、扭秧歌、耍社火、放鞭炮，非常热闹。

三、土地神信仰

民间往往习惯称作土地公、土地爷,和城隍一样是中国旧时信奉的村社守护神,但其地位很低,不可与城隍神同日而语。《礼记郊特性》中曰:"社祭土。社,所以神地之道也。地栽万物,天垂象,取材于地,取法于天,是以尊天而亲地也。故教民美报焉。"

土地神信仰反映出上古人民酬谢土地负载万物、生养万物之功的心情,其后又出现了以整个大地为对象的抽象化的地神崇拜,这种地神被称为后土,是封建皇帝的专祀。而各个地区及村社仍奉祀该地区、该村社的地方小神,这种地方小神初称社、社公,后称土地。《汉书五行志》注曰:"旧制,二十五家为一社。"《礼记祭法》在"大夫以下成群立社曰置社",下注云:"大夫以下包士庶,成群聚而居,满百家以上,得立社。"此25家或100家所立之社为地方行政小单位,所祀之神即称社公或土地。

春秋战国以降,土地神日趋人鬼化、区域化、世俗化,从而更贴近现实生活,神秘色彩反而大为减少,先是各部族有功绩的先祖相继为神,接着又由各地有德行的贤人纷纷入主神庙,最后竟连社会底层普通人都可以入主其庙。

旧时的土地庙,一般都供一男一女两个神像,男的多为白发老叟,称土地公公;女的为其夫人,称土地婆婆。清人赵懿《名山县志》(卷九)引李凤翮《觉轩杂录》云:"土地,乡绅也,村巷处处奉之。或石室,或木房。有不塑像者,以木板长尺许,宽二寸,题其主曰某土地。塑像者,其须发皓然,曰土地公,妆髻者曰土地婆。祀之纸烛肴酒或雄鸡一:俗言土地灵,则虎豹不入境,又言乡村之老而公直者死为之。"

土地庙一般多有小型土地堂,两侧有对联:土中生白玉,地内产黄金。每逢初一、十五或年节,人们都敬奉土地神。

除了城隍、石婆石爷、土地神这些村社信仰外,在民间还存在诸如村庙的信仰场所,有些村子里修的庙宇,里面敬奉着观音菩萨、关帝爷、弥勒佛等,有些专门用于宗族祠堂以供奉祖先,还有些是天主教、基督教等西方宗教信仰者用以寄托信仰的场所。

第三节 家神信仰

家神是除祖先神之外的众多家宅的保护神,这些神灵密切关系甚至主宰着每家每户的日常生活和人们的饮食起居,最主要的家神有灶神、井神、门神等。

一、灶神

灶神又称灶王、灶君、灶王爷、灶王菩萨、东厨司令、司命灶君、家主司命、护宅天尊、定福神君等，为中国古代神话传说中主管饮食之神。晋以后则列为督查人间善恶的司命之神。人类发明火食以后，随着社会生产的发展，灶就逐渐开始与人类生活密切相关。灶神信仰在关中最为普遍，发展历史也最为持久。

灶神的由来众说不一。在先秦两汉典籍中有两种说法。一是将火神与灶神合二为一。《淮南子·氾论训》："炎帝于火，而死为灶。"或许慎《五经异义》："为祝融火正，祀为灶神。"二是以灶神为先炊。"先炊，古炊母神也。""其神则先炊也，故谓之老妇。惟盛食于盆，盛酒于瓶，卑贱之祭耳。虽卑贱而必祭之者，以其有功于饮食，故报之也。"

虽然灶神的信仰早就产生，但自从进入父系社会后，关于灶神究竟是谁的说法不一。《太平御览》卷816引《淮南子》佚文云："黄帝作灶，死为灶神。"《淮南子·氾应训》又云："炎帝作火官，死为灶。高诱注：炎帝，神农，以火德王天下，死托祀于灶神。"东汉许慎《五经异义》："灶神，古《周礼》说，颛顼有子曰犁，为祝融，祀以为灶神。"尽管这3种说法各异，但共同之处在于灶神源于对火的原始崇拜，并且其中的灶神都是一些男性大人物。

关于灶神的性别，古时也有不同说法。一般经学家以灶神为老妇，因为在母系氏族社会，灶于初民作用重大，一般由世族中威望最高的妇女掌管，《庄子·达生》："灶有髻。"司马彪注："髻，灶神，著赤衣，状如美女。其余皆以灶神为男，且有妇有女。"《荆楚岁时记·灶书》："灶神姓苏名吉利，妇名抟颊。"

祭灶神的日期各朝各地不一。南北朝、隋朝祭灶时间在腊月初八。唐宋以后，又变为腊月二十四（有些地区二十三），名曰"送灶上天"，即谓该日是灶神上天诉说人罪状的日子，为了使灶神上天时多替自己说些好话，不要说坏话，人间要专门供奉果糖和各类食物祭之。明人刘侗《帝京景物略》："二十四日以糖剂、饼、黍、枣、栗、胡桃、沙豆祀灶君。以槽草秣灶君马，谓翌日灶君朝天去，白家间一岁事，祝曰：好多说，不好少说。"

关中地区对灶神的祭拜，每逢初一及腊月二十三都要上香献供，特别是祭灶日，必供糖瓜，用糖瓜糊住灶王的嘴，使灶王上天多说好话，不说坏话，如"上天言好事，下界降吉祥"。

二、门神

门神为中国民间最受人普遍尊崇的神祇之一，自古至今，民间一直流行春节贴门神的风俗，即在两扇门上各贴一张门神画像，以求驱邪避恶、祈福纳吉。在民间信仰观念中，门神是家庭安全的吉祥保护神。

门神一词最早见于汉代，《礼记·丧服大礼》中有："大夫之丧，将大敛……君至，主人迎先入门右，巫止于门外，君释菜。"郑玄注："释菜，礼门神也。礼门神者，礼：君非问疾吊长，不入臣之家也。"意思是国君去参加大夫的丧礼，因从未去过大夫家，大夫家的门神不认识国君，故国君在门前放菜以示对门神的礼敬，让门神放行。

王充《论衡·订鬼》引《山海经》佚文云："沧海之中，有度朔山，上有大桃木，其屈蟠三千里，其枝间东北曰鬼门，万鬼所出入也。上有二神人，一曰神荼，一曰郁垒，主阅领万鬼。恶害之鬼，执以苇索，而以食虎。于是黄帝乃作礼，以时驱之。立大桃人，门户画神荼、郁垒与虎，悬苇索以御凶魅。"

汉代时人们曾将人世间武士的形象画在门上把守门户。到了唐代以后，门神的造像渐趋随意，大多附会历史上著名的武将功臣，例如唐太宗手下的爱将秦叔宝、尉迟恭，两人为唐初著名武将，在唐太宗统一天下的过程中发挥重要作用，被视为唐朝开国元勋。据《三教搜神大全》载，唐太宗身患疾病，每到晚上，寝宫门外，抛砖弄瓦，鬼魅呼号，三宫六院彻夜不宁，以致唐太宗十分害怕，便告诉了群臣。秦叔宝说道："我平生杀人无数，无惧妖魔鬼怪。我愿同尉迟恭戎装守卫寝宫门外。"唐太宗应允，果然一夜平安无事。唐太宗大喜，又想到他们彻夜守护十分辛苦，便令画工画两人全副武装、手执兵器、怒目发威的画像，贴在宫门左右。秦叔宝、尉迟恭这一对门神，是民间流传最广、影响最大的门神，至今兴盛不衰。

三、井神

水是万物之源，人们的生活离不开水。除了一些河水外，大部分城乡人民在很长一段时期吃水要靠井。祀井传统极其久远，为远古的"五祀"之一，所谓五祀，是指古代祭祀的5种神祇，包括门、户、井、灶、中霤（土神）。汉代班固《白虎通义·五祀》云："五祀者，何谓也？谓门户井灶中霤也。所以祭何？人之所处出入，所饮食，故为神而祭之。"王充《论衡·祭意》也有相类似记载："五祀报门户井灶室中霤之功。门、户，人所出入；井灶，人所饮食；中霤，人所托处，五者功钧，故俱祀之。"

除了灶神、门神、井神外，家神还有厕神、马神、牛神等。马为六畜之首，对人类贡献巨大。在农业生产中，马替人耕田种地；在日常生活中，马为人运输往来；在行军打仗中，马为人征战远行，是人类最得力的助手和伙伴。故而自古以来，人们尤为重视祭祀马神，并形成了一种历久不衰的习俗。同时，中国也是个古老而传统的农业国，农民以牛为主要耕畜，对牛十分看重，人们信仰牛神、祭祀牛神，希望得到神灵的护佑而使耕牛平安。

第四节 关中民间信仰的特点及作用

一、关中民间信仰的特点

关中民间信仰是源于关中土壤中民众心理诉求的反映，呈现出以佛寺、道观为主的宗教信仰、村社信仰和家神信仰等类型，在关中地区呈现出如下特点。

（一）关中民间信仰具有单一性

在关中地区，有些民众信仰的对象职责明确，换句话说，就是出现了单一的司职神，只具体负责民众某一方面的需求。如送子娘娘，又作送生娘娘、注子娘娘、观自在菩萨、观世音菩萨等，可以理解为"送人子嗣"的菩萨，是四大菩萨之一。在关中，新婚夫妇都有去拜送子娘娘的习俗，以期望早生贵子，尤其是那些婚后久不生育的妇女多向观音菩萨烧香求子。城隍，又称城隍爷，被人们视为守护城池、确保一方平安的专门神在关中各县城都建有城隍庙，尤以西安都城隍庙、户县城隍、长安城隍最具代表性。此外，还有诸如财神、灶神等。

（二）关中民间信仰具有多样性

受传统耕作方式、自然条件的限制以及万物有灵观念的影响，关中民间信仰的对象不是很固定，呈现出多样性。不管是山川河流、草木虫鱼，还是在乡村城镇中，都有普遍分布着民众的信仰对象，如山神、河神、寺庙、道观、城隍等。一旦民众有某种需求，这些都将成为民众寄托希望的对象。

（三）关中民间信仰具有多功能性

关中民众心目的信仰对象（神）往往是具有多种功能的。例如风靡关中地区的以寺庙、道观为主的宗教信仰，老百姓不管遇到什么，基本都有去求神拜佛的习俗。而且一些信仰对象已经改变了最初原始的职责，转变为多功能性的，如长安斗门地区的牛郎织女（石婆、石爷）信仰。牛郎织女原本象征着男女之间美好的爱情，可是随着时间的流逝，现在的牛郎织女信仰在该地区已经具有了诸如期盼生活如意、孩子上学顺利等多样的功能。

二、关中民间信仰的作用

民间信仰不仅仅是民众心理诉求的反映，在一定程度上讲，它还承载着诸多的社会作用。

第二章　关中民间信仰文化

（一）关中民间信仰是中国传统文化的传承与体现

中国传统文化要在当代传承下去，仅仅依靠抽象、空洞的理论教育是不能完成的，它需要有具体的载体，而民间信仰正好是这样一种民众极易接受的载体。它以传说，故事，戏剧以及各种仪式等通俗易懂、喜闻乐见的形式深入民心，引起群众的共鸣，从而潜移默化地熏陶着一代又一代人。张新鹰教授曾对民间宗教信仰与传统文化的关系作过精辟的分析，他认为："真正形象地、彻底地表明了儒、道、释3家殊途同归的历史走向，造成了这3家在理论和实践上的全面合流的，是下层民众出于现实的宗教抚慰需求而逐渐确立起来的民间宗教信仰。……站在这个角度上，民间宗教不是被'正统'宗教所指斥的'邪门歪道'，也不是被上流社会所蔑视的低俗迷信，而是在不断吸收、改造其他观念形态过程中愈加宏富的中国传统文化体系'普化'于民间的缩影。儒家的道德信条、道教的修炼方技、佛教的果报思想，在民间宗教那里有机地结合在一起。中国传统文化不但通过别处，也通过民间宗教，展示了它'海纳百川''有容乃大'的品格。"民间信仰的文化价值又何尝不是呢？民间信仰为民众提供了精神支柱，拓展了他们的生活空间。在古代甚至现当代的农村，民间信仰作为俗文化，为多数百姓所认同，成为了百姓重要的精神支柱。在陕西关中，也分布着众多的佛寺、道观。每一座佛寺、道观的背后都有着一段特殊的历史，民众对他们的信仰既是为了获得心理上的某种需求，同时也可以获得文化的熏陶。另外，村社信仰中的家族祠堂，作为一种表达晚辈对长辈怀念的场所，是亲情、孝道的象征。牛郎织女信仰所传递出的爱情、城隍信仰所包孕的家国情等，这些都在民间广泛流传，无疑有利于对中国传统文化的延续。

（二）关中民间信仰是民众精神的寄托

在某种程度上，具有融洽乡里、维护地区和谐、稳定社会的作用。民间信仰虽然没有系统的宗教理论和严密的组织，但却有着融合儒、道、释3教的内容丰富的宗教道德。它以儒家的忠孝为主，兼收并蓄佛教的因果轮回、道教的承负报应等宗教伦理，并且加以渲染，对民众的教化作用不可低估。虽然民间信仰造神带有很大的随意性，但基本上还是遵循着儒家的"礼法施于人民则祀之，以死勤事则祀之，以劳定国而祀之，有御大灾、捍大患则祀之"的造神原则。在这一观念的指导下，能成为民众信仰对象的大多是历史上的忠义之士和为百姓做过好事的人、神灵。因此在民间，当人们在面对自然、社会中众多因不可抗力因素而发生的灾祸而感到无助与无奈时，民间信仰中的诸神便成为了普通民众的精神依托。在村社信仰中，由共同的神灵崇拜和祭祀活动有效地把分散的乡族力量整合起来，形成了祭祀共同体。每当民众遇到困难或难以解决的问题时，或者逢年过节要表达对家族、亲友的美好祝愿和期许时，民间信仰就成为了承载这些愿望和请求最好的象征。关中民间信仰以"惩恶扬善"为核心的众多教义,既有利于宽慰民众的心理,也有利于鼓舞民众继续通过努力与坚持改善现状来追求未来美好的生活,极大程度上维护了地区稳定和民族团结,对促进地区构建和谐社会具有积极意义。

(三)关中民间信仰的盛行将带动当地相关文化产业的发展

可以形成一定规模,并具有很可观的经济效益。如以佛寺、道观为主的宗教信仰,在固定时期举行的传灯法会、宗教文化体验,在如今已经成为了一道靓丽的文化景观、成为了带动地区经济发展的新引擎。另外,在乡村举行的各种庙会活动,会引起一定时段的人流集聚,为当地商品进行广告宣传提了供极佳的营销环境,并成为促进商品流通、不同地区民众交流的有效途径,在活跃乡村经济中扮演着重要角色。

第三章　关中地区服饰文化

第一节　衣裳与民间演艺服装

衣裳，是民间对服装的通俗叫法，也是民间服装艺术的基本体现形式。民间服装是整个服装系统中最重要的组成部分之一，可分为上衣、下衣（包括裤子、裙子），上衣又分为单衣、夹衣和棉衣，衣服还分外衣、内衣。民间艺术服装主要是指在民间艺术表演中所穿的外套。

在表现民间日常生活的小说、戏剧、电影、电视中，总能看到民间服装的穿着形象，这就成为了民间艺术服装的具体形象。

陕西民间衣裳和全国其他地方一样，主要是劳动人民即普通民众的服装，按理来说，也应该分为礼服、常服等，但是劳动人民绝大部分时间都是在田间地头或工厂车间干活，所以对衣服的穿着不是很讲究，通常以短小、紧凑、便于劳作的特点为主，颜色也是以深黑色或深灰色较多，耐穿、耐脏。但是在民间艺术表演中，人们所穿的服装还是要经过特殊设计和处理的，它们与单纯的生活服装是有一定区别的。

男子的衣服以对襟为主，这样的衣裳便于穿着。干活热的时候，脱着也方便，有时他们干脆直接解开扣子，让衣襟敞开。民间艺术表演中，艺人们所穿的服装也有这样的表现形象。

夏天男子衣裳基本趋向于白色，传统的衣裳都是长袖单衣，很少有现在像T恤一样的短袖衣服。天气特别热的时候，他们只穿一件贴身的形似马甲的无袖单衣，这样的单衣在古代，最早出现于魏晋南北朝，叫做裲裆，经过隋、唐、宋、元、明、清，一直演化，直到20世纪七八十年代，下身穿的是大裆裤，裤腰都很高，一般在裤裆上面续一截10到17厘米的裤腰，裤腰是白布，与深色裤子接在一起，由于裤口做得宽，穿的时候还要折起来贴腰裹一下，之后用裤带或腰带系紧。这种无袖单衣，有的是缝制成整体，有的是把布料裁成3片，后背是一整片，前面是两小片，钉上扣子，一般都是手工缝制的盘扣，在两边腋下的布片与后背的布片不缝在一起，而是一般是在上、中、下3处缀上不长的布条子，平时系绑起来，这样为的是更加透风、凉爽。20世纪90年代以后，民间妇女已经不做衣服了，人们所穿的衣服全是工业加工的成衣。春夏之际，天气不热不冷，人们穿的都是夹衣和夹裤，夹衣、夹裤分里子和面子，面子是稍微好的布料，里子是稍粗一点的布料，衣服颜色都比较深，以黑色、灰色、深蓝色为主。冬天的棉衣都是对襟棉袄和大裆棉裤。关中农村棉袄叫"裹裋"（'裹裋'音du，棉袄的俗称），也叫"棒棒裹裋"。棉袄里面再穿一层衬衣，衬衣大都是家纺的粗布衣。有一些家里贫穷一点的人，外面穿的是棉袄，里面不穿衬衣。在20世纪90年代左右，上海来了一个著名作家，陕西省作家协会和西安电影制片厂的作家和编剧们一起接待了这位作家。在饭桌上，有位陕北著名作家谈到自己小时候的凄惨经历时，毫不避讳地讲道，他小时候冬天穿棉裤从不穿内裤，他还特意强调不穿裤头。他说的这些把大家都逗笑了，有人说他骗人时，他还很认真地强调了一遍。他说，在陕北，过去很多人棉衣里面都不穿其他衣服，这主要是因为贫穷穿不起，不是不想穿。而在民间艺术表演中，人们不会在意或追究艺人们贴身穿不穿内衣。男人们穿的不管是单衣、夹衣还是棉衣，领子都是立领，衣服颜色以黑色、深蓝色为主。

特别值得一提的是，老人穿的衣服很有特点，他们总是在腰里扎一道腰带，腰带很长，大约在两米以上，也很宽，约30厘米，平时扎腰带的时候都是把腰带折起来扎在腰里。腰带既起保暖作用，更是一种装饰，腰带扎在腰里，使人显得高挑、精神。扎上腰带，衣服里面可以藏很多东西，扣子扣上后什么也看不见。比如上街时，忘了拿包，买了东西可以放在衣服里；出门时带的东西如果不想让别人看见，可以放在腰里。腰带上还可以别很多东西，比如烟锅杆子，点烟时的火镰，下地干活用的镰刀、铲子等小家具等。上了年龄的老头除了腰里系腰带，脚腕裤口还要打绑腿，穿圆口布鞋，脚面露出白袜子，既显得紧凑干练，也显得朴素实在。这是陕西特别是关中农民的标准服装形象。在民间艺术表演中，常常会出现这样装束的农民形象。在2013年正月十五的元宵节期间，宝鸡陇县举办了为期3天的全国社火艺术展演和比赛，陇县民间社火表演中有一个关于种地、收获的节目，其中的农民扮演者就是这样的着装，非常传统、纯朴。观看这样的节目表演能够给人以浓郁的怀旧情绪感染。

妇女服装上衣是大襟襦袄，分单衣、夹衣、棉衣等式样，妇女们一年四季都穿内衣，内衣样子很多，有抹胸、兜肚、汗衣、内衫等。大襟襦袄是由秦汉以来的直裾衣服发展而来的，纽扣是盘扣，而且做工都比较复杂，盘成各种花样。讲究一点的妇女，扣子都是两道为一组相连，有的4组，有的是5组。妇女的衣服比较讲究花色，有大花面的，也有碎花面的。裤子虽然也是大裆，但比较随身，样子比男人的讲究、好看。年轻女人都喜欢穿对襟衣服，穿着对襟衣服，再配上齐耳短发或者拖着两条长长的黑黝黝的大辫子，给人感觉既年轻、时尚，又干脆利落。这样的妇女着装形象，在民间艺术表演中也有典型的体现，上面所举的宝鸡陇县社火中关于民间种地、生活的表演，就有这样的妇女穿着。

特别具有风情的妇女内衣兜肚，在陕西无论是关中、陕南还是陕北地区，都极为流行。作为一种特殊的服装，其中包涵着丰富、深厚的民俗文化意蕴和设计艺术的诸多因素，比如整体造型、裁剪形状、图案装饰、刺绣工艺、花卉纹样的布局等。在关中临潼骊山一带，年轻女子结婚时，在新娘子被迎娶进门的那天，婆家年长的妇女要在新房里看她是否穿着兜肚，这就是关中民俗文化中一种特别的表现形式。不仅在关中，在我国其他地区的农村，谁家生了小孩，亲戚朋友们都有给孩子送兜肚的讲究，一块大红的兜肚象征着红红火火，象征着人类生命的不断延续、旺盛不衰。年轻女子结婚后，每年端午节前后，娘家人都要给女儿送夏天的衣服、凉帽、鞋、吃的东西等，其中就有兜肚。兜肚用红布做成，上面要绣各种花样，有牡丹花、莲花、梅花等，虽然做兜肚的这一块红布并不大，但上面精心地绣着美丽吉祥的花纹图案，寄托了人们殷切的期望，充满了幸福、温暖而又温馨的生活气息。它是一种民俗文化的传承，也是渴望生命不断延续的心灵蕴藉，更是对接受者的美好期冀的承载。

兜肚作为一种特殊的民间服饰，其花样、图案、造型可谓异彩纷呈，绚烂多姿。兜肚的花色一般比较鲜艳，大都以自然花卉为主，图案一般象征着吉祥美好，造型以菱形为外轮廓，里面的花样、图案造型或圆或方或无规则，整体看起来简洁、美观、大方。兜肚作为一种造型和用途非常别致的服饰，其中蕴含着多层传承关系：在保暖、防风寒、遮掩身体等实际功能之外，又彰显了绣工的精细美好，加上花色、图案的讲究，代表着民族文化、地域文化、风土人情、生活习俗以及传统工艺方面的诸多内涵，兼容了物质文明和非物质文明的双重传承功能；兜肚体现着一方人民特别的造物观，所以又有着符号化的意义，它经过特别的纺织、印染、裁剪、刺绣、缝制等工艺手段，成为一定的服装样式，蕴含了特别的民俗文化底蕴，代表了一种服饰造物观的意念传承；将兜肚送给新婚不久的女儿、出生以后的孩子，由此而营造出一种美好的亲情传递关系和温馨的民俗文化氛围，也是一种血缘或亲缘关系的传承；兜肚上常常绣着蝴蝶穿花、鸳鸯莲花、梅花喜鹊、莲生贵子，以及青蛙、老虎、五毒花纹图案等，传承着民族文化中对吉祥美好事物的追求意识，表达着人们对于幸福生活、平安人生、光明前景、祥和的自然环境、美好的命运等的希冀与渴望。这些内涵丰富而又具体，通过可见可感的兜肚这样的服饰实物，在传承中诠释，让一代一代人接受并牢记于心。对于朝朝夕夕生活在这样环境和氛围中的所有人来说，这是一个耳濡目染的过程，也是一个潜移默化的过程，正是文化积淀和传承的过程，民族性的文化精神就这样形成和固定下来。所以，民族服饰中所包含的这些文化内涵以及艺术符号，是不能脱离特定的民族、民俗、地域等环境和氛围来诠释和理解的，而是要和具体的情境融合在一起，这样更体现了民间工艺的水平，还有设计制作者的才情与智慧。

中华人民共和国成立初期，陕西和全国其他地方一样，经济条件艰苦。国家经历了自鸦片战争以来上百年的战乱，一切亟待复苏，可谓百废俱兴。人们穿衣很朴素、简单，颜色基本是黑、灰、蓝3种颜色，布料以绵纺粗布为主，很少有人穿精细华美的洋布。衣服也是大人穿了小孩穿、哥哥穿了弟弟穿、姐姐穿了妹妹穿，家里年龄最小的孩子，总是穿别人不穿的衣服。当时流行的一句话是："新三年，旧三年，缝缝补补又三年。"当时的人们对衣服的穿着是极其节约的，而且几乎没有人不穿补丁衣服。20世纪六七十年代流行军装，男孩女孩也都喜欢穿蓝色衣服，而且喜欢把蓝布上衣用肥皂不断清洗，洗到发白为止，使其看上去蓝白相间，形成自然旧颜色，这在当时是很时髦的一种做法。

在20世纪80年代以前，陕西时兴在领子上套或者缝一件毛线织的护领，女孩的护领一般是用白毛线织的，显得很洁净、亮丽；男孩的护领一般是用灰色或咖啡色毛线织成，显得整洁、耐脏。女子不管穿什么样的衣服，在脖子上围上花色鲜艳的围巾或纱巾后，都是非常有情致的。这是民间服艺术装饰的细节，经历过那个年代的人都很熟悉，而对那个年代生活不熟悉的人，是不会注意这些服装装饰艺术的细节的。改革开放以后，特别是20世纪末以来，女人们的服装出现了极大的变化，露脐装、吊带装、无领衣、无袖衣、里长外短以及无以名状的奇装异服大行其道，服装穿着已经没有任何"禁区"可言了。文学艺术作品诸如绘画、影视作品、舞蹈等，都对这样的民间女性穿着形象有所表现。

20世纪80年代改革开放以后，人们的服装都是在服装店购买工业成衣，几乎已经没人再用手工做衣服了。工业成衣虽然做工精细，剪裁整齐、规范，针脚均匀细腻，布料也精细，不像手工所做的衣服那么粗糙，但是却没有了工艺感和温馨感，纽扣也都是扁圆形的化学纽扣，和用布条手工绾成的传统盘扣无法相比，工业产品给人的感觉是完全生硬的冷冰冰的机器化印象。但是，在陕西西安等城市，依然有很多的民间服装作坊，坚持手工为人们做非常传统的服装款样。在所有表现改革开放以前民间生活服装的文学艺术、影视作品、舞蹈作品中，传统的服装还是主要的内容，谁也不会把过去的服装样式随意改变。现在的民间服装中，一些工业成衣都是对襟或翻领样式的，有单衣、棉衣、外套、衬衫等。夏天人们都穿短袖T恤衫，衣料有棉布、麻布、丝绸、化纤、毛绒等，而以化纤最为普遍。这些在文学艺术作品、影视作品、舞蹈作品，特别是民间艺术表演，比如社火、竹马、锣鼓、秧歌、腰鼓、道情、龙船、旱船、茶哥等表演中都有所表现，因为现实生活是艺术素材的基本来源。

第二节 帽巾、头饰与鞋袜

一、帽巾与头饰

在陕西这样的地跨亚热带、暖温带和寒温带的特殊地区，男子所戴的帽子有单帽、夹帽和棉帽。单帽、夹帽和棉帽前面都有帽檐，俗语叫"帽舌头"，单帽、夹帽一般都是春夏秋三季戴，夏天天热时，人们还会戴草帽或凉帽，冬天自然戴棉帽子，棉帽在脑后和两侧还有延伸下来的部分，而且两侧延伸得更长，下沿一边各缝缀一条布带子，天气最冷的时候，可以把布带子绑起来，把耳朵和脸都严严实实地保护起来，也起到保护脖子、耳朵和脸颊的作用，有的棉帽在耳朵处还会开两个小圆孔，目的是戴上帽子还可以听到别人说话。20世纪50年代到70年代流行一种火车头帽子，帽子外面的布料是比较厚的棉布、帆布、卡其布、洋布等，颜色一般为草黄色、蓝色、军绿色等，帽子两侧和脑后延伸部分用咖啡色或黑色绒毛做成，形似军帽。由于雷锋在冬天经常戴这种帽子，因此也可以叫雷锋帽或前进帽。这种帽子是那个年代最时髦、最实用的帽子，戴上很暖和，就是不戴，看上去也让人觉得特别暖和。冬天，年轻人为了好看，头上会戴没有下沿的棉帽子，两只耳朵戴耳套，耳套有布做的（里面要装上棉绒），也有用兔毛、狗毛、猫毛等动物绒毛做的。年轻女子两只耳朵戴上洁白的兔毛做的耳套，非常好看，显得更活泼、清纯、可爱。手艺灵巧的女子们常常用各种花色的毛线为自己或家人织成各种花样的毛线帽子，戴在头上，形成一道道风景。20世纪30到50年代，陕西男人流行戴鸭舌帽、绒帽等。20世纪60年代，特别是20世纪六七十年代后流行戴军帽。到改革开放以后，戴什么帽子的人都有，再后来，由于气候越来越暖和，人们渐渐不戴帽子了，而是流行各种各样的发型，男女们开始烫发或染各种颜色的头发，令人眼花缭乱。

年长的妇女特别是老婆婆，喜欢戴一种圆形的没有帽檐的黑绒帽子，这种帽子看上去比较富贵，过去的有钱人家总是戴这样的帽子。黑绒帽子很暖和，有的人喜欢在四周或帽檐用金线做造型，显得更加好看。老婆婆戴这样的帽子，能够给人一种慈祥感，而且也是长寿的象征。

孩子们的帽子更是花样繁多，有老虎帽、兔帽、狗帽等，帽子一般都是动物造型，上面还要做出动物的耳朵造型或者花卉造型；帽子颜色以红、黄、绿等鲜艳的亮色为主，冬天的棉帽子里面缝上兔子、猫、狗、狐狸等动物的皮毛，有的在帽檐上再缝一圈兔子、狗等动物皮毛，主要用以保暖。

春夏秋三季，妇女们头上都要顶一块手帕，这是俗称的陕西八大怪之一"帕帕头上戴"。年长的妇女都戴黑色、咖啡色或香色头巾，显得老成、庄重、慈祥；年轻妇女戴的头巾多为浅色，以蓝色、月白色、灰色为主，显得精神、灵敏、鲜活。年龄大的女人们都时兴戴头巾或者头上顶一块方形的头巾或者手帕，胳膊上挎一个用藤条编的笼子或者用竹编的篮子，手里拄个木拐，这是标准、典型的陕西关中地区上了年龄的老年妇女的衣着装束，如果要表现关中年长妇女的形象，就应该塑造成这样的造型，但是在当下的生活中已经见不到这样的妇女形象了。在20世纪80年代以前，我们在关中农村的乡间田头或大路小径上，常常能看到这样头顶方巾或手帕的妇女们，她们不管是干活还是走路，都在头上戴着一块头巾或者帕子；有生活情趣的妇女，喜欢把头巾或帕子做成一定的形状，绾在头发里，或者用卡子别在头发上，风一吹，头巾或帕子还会在头后轻轻飘动，显得非常灵动。年龄大的妇女的头巾和帕子是有区别的，头巾主要是起遮阳、挡风、遮雨、护发的作用，以实用为主。头巾一般都很大很厚，四边有的是齐的，有的四边成条状分散开来，形成特殊的艺术装饰效果。帕子一般都很薄，颜色浅淡，主要起遮阳、护发的作用，以装饰性和美观性为主。

另外，过去妇女都穿斜襟大袄时，一般会在胸前的衣襟缝隙处别一块方形手帕，这样的装束，在过去人们的生活中是很实用的。男人女人都有随身带手帕的习惯，可以用来擦嘴、擦汗、擦眼泪、擦手、擦鼻涕等，也可以用来包东西，有时也可以戴在头上防日晒。在过去的陕西，不管是在城市还是乡村，常常能看到妇女们上衣胸前靠近肩膀处衣服的纽扣上别着一块手帕，或者手里攥一块手帕，随时用以擦嘴、擦汗、擦眼泪、擦鼻涕等。但今天已看不到这样的装束了，今天的人们都是在衣服口袋里装上一叠卫生纸或者一包纸巾，擦什么都用纸，没有人再用手帕擦东西，因为没有人身上还带手帕。过去的人们一是讲究干净，二是讲究整洁，三是讲究面子，用一块手帕，可以使自己总是显得从容不迫，若遇到什么难堪的事情，一方手帕总能替人遮掩、解围，所以手帕是人们情感、风度的保护使者。手帕的艺术与情趣，是特殊历史年代的产物，现在早已退出人们的生活环境，今天的我们只能在文学艺术作品、影视作品、歌舞作品、戏剧作品中看到。不能不说这是一种遗憾，但是它永远让我们怀念，甚至让我们留恋，手帕是戏剧、歌舞艺术中大家闺秀、小家碧玉、丫鬟等角色常常随手拿着的服装配件，演员们也常常用手帕进行舞蹈，所以手帕也成为了艺术造型的重要工具。

二、鞋袜

鞋袜是足服艺术中很重要的内容，我国古代把鞋袜统称为"足衣"，我们今天称"足服"。《世本》记载"于则作扉履"，三国时南阳人宋忠注释说："则，黄帝臣，草屦曰扉（扉，音fēi，草鞋、麻鞋称扉），麻皮曰履。"远古时期人们大都赤足而行，在商周时期，人们对穿鞋非常重视，把鞋称为"屦"或"履"，周代还设有掌管王和

第三章 关中地区服饰文化

王后穿鞋的"屦人"官职,《周礼·天官》记载:"屦人掌王及后之服屦,为赤舄、黑舄、赤繶(繶,音yì,丝绦,鞋子上圆浑的丝带)、黄繶、青句、素屦、葛屦。"后来鞋子发生了很大的变化,出现了靴子、木屐等形式。近现代以后流行的鞋主要是布鞋、皮鞋、靴子、毡鞋、塑料鞋等。

陕西男子穿的鞋子都是以手工鞋为主,做鞋先要打褙子,女人们把各种布片用浆糊粘在一起,积到大约1.67厘米厚,贴在门板或者窗扇上,放在太阳下晒干,然后根据家里各个人的脚型大小,裁剪成鞋底,再用白布把着地的一面用浆糊粘起来,白布边要粘到鞋窝里,鞋底里面是碎布的本色,不用装饰,然后再用白线捻成的绳子纳底子。纳底子是既费功夫又费劲的工序,因为在鞋底要纳出各种花样,比如疙瘩花、枣花、柿子花等,手巧的女人能纳出更多更复杂的花样。纳完鞋底就要做鞋帮子,做鞋帮子也很讲究,可以用粗布做,可以用灯芯绒做,也可以用平绒做。鞋帮子一般都是以圆口为主,也有方口的。关于鞋的故事比较多,这里举两个关于鞋子的故事。过去老家有一位长辈在外地谋生,他家的女人给他很精心地做了一双漂亮的布鞋,出门时遇上下雨天,他很舍不得穿着新鞋子在泥泞的村路行走,于是把鞋子揣在怀里,赤着脚走到镇上去坐汽车;另一个故事是在20世纪70年代的西安郊区,有一个女孩和一个城里男孩谈恋爱,有一天她约好到男孩家里去做客,那天她特意穿了一身新衣裳。她从自己家里出门时,天气还很好,但是走到半路时遇到了一场大雨,她没有提前做好防雨的准备,所以没带任何雨具。她脚上穿着一双妈妈为她做得很漂亮的绣花布鞋,因为怕雨水弄湿鞋子,就把鞋子脱下来提到手里,来到男孩家,身上、头上全被雨水淋湿了,只有手里提的那双鞋是干的。从文学、绘画和影视艺术的角度来看,这两个故事是很好的艺术素材,能创作出很好的以鞋为主题的艺术作品。

每逢下雨天,农村的道路总是泥泞不堪。过去人们都穿布鞋,泥水路就会让布鞋湿透,所以人们总渴望能有一双胶鞋。条件好一点的家庭能买起胶鞋、球鞋或者解放鞋,条件更好点的可以买高筒胶鞋,下雨天就不怕泥水了。条件差的就自己做一双泥屐,但是穿泥屐走路要非常小心,走不好就会崴脚或摔跤。泥屐是关中一种很特殊的雨鞋,这是陕西关中人的一种艺术性创造、是生活艺术特质的特殊表现。

女子鞋的花样比男子的多。首先要纳鞋底,她们可以纳出比男鞋更多的花样,做法和男鞋一样,只是女鞋比男鞋要小很多,而鞋帮子却要花哨得多,一般都是用花布做成,也有用丝绸、锦缎做成的,更讲究一点的还要给鞋面上绣花。所以,女鞋不但小巧玲珑,而且更讲究花样。女鞋有圆口的,也有方口的,以方口为主,里面脚踩处还要做一条鞋带,鞋带绕过脚脖,在外脚踝处扣上扣子,这样能够起到固定作用,穿上后走路、跑步都不会掉。

北宋后期,我国有缠脚的陋习,之后人们对女性的评价标准以脚小为美,所以,妇女们的鞋子有了"三寸金莲"的称谓,由缠脚陋习促成的这种小鞋子,折磨了妇女们上千年。现在的陕西农村偶尔还能见到小脚老太太。

小孩子们的鞋样式更多。首先鞋样子很花,人们会用各种鲜艳颜色的布给孩子做鞋;其次鞋底比较软而且轻便,孩子走路时显得机敏、灵巧。孩子的鞋有老虎鞋、狮子鞋、狗头鞋、猪鞋、猫鞋、兔鞋、鸟儿鞋等,有的人家还给孩子鞋头上缀一撮红缨子,走起路来晃晃闪闪的很好看。孩子的鞋都有鞋带,起固定作用。

过去的新鞋一般都做得比较紧,因为布鞋有松紧度,穿的时间长了,就会变松弛。穿鞋时需要用力,所以穿鞋需要一种辅助工具,叫鞋溜子或鞋溜跟。鞋溜子是用铜做的,也有用木板、竹板做的,形状是带弯度的弧形,和脚后跟吻合,家家都有这样的工具。

在城市,衣服鞋子都可以在店铺里定做或者购买。而在农村都是家里人自己做,有些人家做衣服、鞋子的手艺不是很好,于是就叫做得好的人家做,她们以工换工,或者给人家工钱。做衣服或做鞋子都是很费功夫的,在过去的陕西农村,常常能看到女人们聚在一起探讨做衣服做鞋子的技艺,特别是做鞋子的。年轻媳妇聚在伙伴家,一边纳底子一边说话,不会做的地方互相请教,同时也消除了寂寞。

现在,陕西农村还能见到上了年纪穿手工布鞋的人。而由于生活节奏变快,大量的年轻人通过各种渠道进入城市工作生活,手工做鞋的景象只能在局部地区见到,在很多地方特别是年轻人群中已经很难见到了。

第三节　衣料、款式与色彩

一、衣料

陕西服装的原料主要有麻布、棉布、丝绸、毛绒、皮草、葛丝等,陕西蚕桑技术很早之前就很发达,在相当长的一段时间内在国内处于领先地位。陕西曾是中原文化的中心,各种艺术很发达,戏剧、歌舞的服装,用料是最多的。陕西自古以来除蚕桑、丝绸业发达以外,服装织染工艺也是历史久远、技术先进,服装颜色丰富鲜艳,在全国独树一帜,享有很高的声誉。

在古代,纺织、服装技艺不发达,人们以男耕女织的原始生活为主,纺织、做衣主要由妇女完成,所以生活中就有生了女孩称为"弄瓦之喜"的传统,其中"瓦"指的是一种纺线的纺锤器具。陕西南北地域跨度很大,陕南属于暖温带和亚热带气候,地形有山区、丘陵、盆地等,服装原料以麻、葛、蘘为主;关中地形多为平原、川道,衣料多以麻、棉、丝绸为主,尤其盛产棉花、丝绸等;陕北多为山区、荒漠地形,以畜牧业为主,盛产皮、毛、绒等。虽然各地所产原料不同,但是穿衣是需要平衡的，比如夏天炎热，需要穿单衣，冬天寒冷，需要穿棉衣甚至皮毛衣服，这样服装原料就需要适应不同地方相同的穿衣需要。如陕南的葛、蓑会被交换到关中、陕北，关中的丝绸、棉花、麻会被交换到陕南、陕北，陕北的皮、毛、绒会被交换到关中、陕南。

服装原材料的加工是非常辛苦、复杂的，人们在常年的纺织、缝纫实践中积累了丰富的经验。比如关中棉花的加工需要轧花、去籽、弹花、纺线、织布、漂染等程序，因此关中农村就有很多轧花房、弹花房等。纺线需要纺车，于是关中农村家家户户都有纺车，女人们都会纺线织布。纺线一般都是在农闲时进行，大部分人家是在冬天夜里纺线，有些日子过得很细的人家，纺线时都舍不得点灯，在黑夜里纺线。关于纺线还有一个小故事，有一家人，父子两个都在县上工作，两人周末一起回家，看见婆媳俩正在院子里纺线，开始他们还很高兴，婆媳俩一起纺线，谁也不甘落后，纺着纺着不觉夜深了，但是婆媳俩都没有收工的意思。都过了午夜了，婆媳俩的纺车还在院子"吱儿吱儿"地响。妇女们把线纺成线锭子，然后在夏天趁着天热经线，经线时邻居一起帮忙，在院子钉上木橛，大家分工浆线、缠线，直到把所有线缠完，然后存放起来，到秋天或者来年春天再织成布。过去几乎家家都有织布机，织布机通常放在大门口，这样织布时光线就很亮，能把布织得很平整。由于经线时会把线染成各种颜色，所以织出来的布也会呈现各种颜色。麻布、葛布适宜于做夏装，清凉透汗，深受人们喜爱。

蚕丝业主要集中在关中，陕南也有少数地区植桑、养蚕。丝织品向来以艳丽、奢华著称，人们都以穿丝绸衣服为荣耀，丝绸衣服好看、结实、耐穿，显得富贵。丝织物加工起来也比较费劲，过去由于技术的限制，丝制品加工依赖手工业，要经过缫丝、络丝、整经、打纬、织造、刺绣等多道工序，才能将丝织品做成完整的服装。

陕北牛羊成群，以羊毛制品为主。陕北把蹂制毛皮的人叫"皮毛匠"，由于这些人手艺精湛，故而制作出来的毛皮雪白绵软，做衣服柔和、耐寒。皮毛的制作方法有两种，一种方法是"生鞣[鞣，音róu，用鞣料（具有鞣革性能的物料，比如鱼油）将动物生皮制成性质柔韧的革，用以做皮衣或皮包等]"，也叫"生挼（挼，音ruó，揉搓使柔软）"，即把剥下来的羊皮稍加晾晒，干了以后用力再用力揉搓使其变得柔软，这样做出的皮质品轻柔而且结实耐用，不怕日晒、雨淋、水湿、寒冻。另一种方法是"熟制"，即用芒硝、小米面作为鞣料制作而成，最后除去油膻，使皮质光滑、亮洁，毛色光鲜、柔润，做出来的衣服也柔美、舒适。

二、款式

服装艺术有突出的几大要素，比如款式、色彩、做工工艺、图案装饰、花纹造型等，而款式是非常重要的因素。

陕西传统服装以经济、实用为最大特点，也讲究含蓄之美，更讲究艺术性的夸张设计，一般不强调显示身材和线条感，这是受封建传统思想影响的结果，也是受到汉代深衣影响的结果。男女服装以宽大为时尚，领子为立领或交领，衣襟右衽，这是汉民服装的显著标志，这样的服装款式在最具陕西地域艺术特色的秦腔戏剧、汉唐歌舞等艺术表演中得到了体现。男子服装突显出儒雅、大度、端庄的气度，女性服装突显出优雅、飘逸、细腻的气质之美。所以，传统服装在裁剪的时候，不讲究随身形进行平面裁剪，服装的穿着效果讲究宽阔、大气。

历史上的周秦汉唐时期，关中是全国政治、经济、文化的中心，各种艺术自然也很发达，所以服装艺术的成就相对来说也很高。特别是唐代，各种歌舞、竞技艺术达到了前所未有的辉煌，是任何朝代都不能相比的。陕西的服装为艺术表演也提供了最大的支持。

在古代，陕西服装曾经在很多朝代引领全国服装的发展潮流，有时以宽袖博带为风尚，有时又以紧窄可身为美点。服装造型在大的方面很注意整体效果，在小的方面也讲究微妙变化，有时讲究下长上短，有时又讲究上长下短。汉代时长袍袖子呈弧形，而袖口却收小，呈直形。魏晋南北朝时期，则流行宽衣博带。唐代时服装风格开放，而且款式多样化，华服与胡服交相流行，总体追求趋向于奢华。宋代服装款型有所收敛，向朴素简洁方向发展。清代服装受满人服装风格影响，以琵琶襟为例，讲究流转的曲线感，增加人着衣的自如、活泼感，妇女服装多在袄褂上施以华美、流畅的镶边。

民间受经济条件的限制，为了节约布料，往往进行套裁的方式，两套衣服以正反不同方位进行裁剪，比如裤脚部分裁下来的布料，可以用以拼裆，衣身周边裁下来的布正好可以贴在里襟。有的碎布料暂时用不上，人们就把它们积攒起来，攒多了，就拼缝成"百片衣"，有些小布片还用于贴补绣花造型等。明朝时曾经流行过一种叫水田衣的服装，就是手巧的妇女把各色布片按照一定的组合规律拼在一起，缝成很漂亮的衣服。水田衣最早是女子服装，后来也成为漂亮的儿童服装。关中一带流行给小孩穿百家衣，这也是一种拼接服装，其式接近于水田衣，有的人专门向邻居各家索要碎布片，然后给孩子做这样的衣服。

从清末到民国初年，服装款样变化快，新式服装不断问世。"西风东渐"风潮影响巨大，中山装、学生装、西装、文化衫、长袍马褂等相继出现或相互取代。就连传统服装旗袍在款式方面也发生了质的变化。

旗袍是满族旗人由袍服创制出来的民族传统服装样式。最初满族妇女一般穿着长袍，或者在外面罩上一件坎肩，长袍下摆开口很大，长可掩足。贵族妇女喜欢用团龙、团蟒绣上花边，而平民妇女则用丝绣花纹装饰裙边，在袖端、衣襟、衣裾等处也会镶以花边。起初衣领开得较低，后来逐渐加高，样式有对襟、一字襟、琵琶襟等款式，很宽大。随着时间的推进，旗袍样式也在不断地发展变化，最终演变为后来的旗袍样式。旗袍最早在清朝宫廷中流行，样式很粗糙，做工也很简单，上下宽窄一致，几乎没有变化，穿在身上像桶一样，显不出身形，只求保暖实用，不求美观、俏丽。后来随着满清政府的覆亡，以及西方国家对中国经济侵略的加剧以及文化输出的强烈，使得西方文化影响着中国人的思想观念、生活习惯以及审美倾向。服饰方面体现在男士着西装，女士着裙装。女性裙装首选旗袍，由于受西方文化观念以及审美倾向的影响和熏陶，为了突出女性身材的曲线美，服装设计与制作者将旗袍样式进行了大胆革新与改进，把过去上下尺寸宽窄一致的款型做了加工、处理，比如把袖口变小了、将翻领变成竖领、将腋下的宽松尺寸变得紧小、将胸部和腰围尺寸也都变得窄小。总之，把整个衣服尺寸都做得很窄小、紧凑，使衣服随着人身体的走势和曲线变化而剪裁、缝制，人穿上衣服以后，彰显出了身体姿态和曲线之美，正如西方人所说得那样，让人通过衣服看见了"身体的曲线"。

中华人民共和国成立之后，我国尚未设计制作出代表自己新型思想观念与文化意志的服装款式。陕西和全国一样，各行各业沿用中山装，同时引进苏联列宁装，也延续了延安时期的服装。20世纪50年代后期，由中山装又派生出了学生装、青年装；20世纪六七十年代，还出现了红卫装和军便装等。妇女们穿的是苏联的布拉吉（连衣裙）或上衣下裤，穿裙子的人越来越少，服装也讲究革命性、政治性。

20世纪60年代到70年代，全民服装都带有浓厚而强烈的政治色彩，陕西也不例外。在"破四旧，立四新"的风潮影响下，服装款式、色彩、用料等都极其单调贫乏，蓝工装、灰制服、黑衣服、绿军装均成为标准服装。那时，穿旧衣服和补丁衣服成为新的时髦，所以全民以穿军便装、戴军帽、扎皮带、背黄色军挎包为光荣，男女老少之间性别和年龄的界限也消失了，可以说这是服装受政治因素制约的一个规律。

20世纪80年代以后，政治因素弱化，经济逐渐发达，文化也走向多元化，对于个性的追求越来越大胆，时尚化成为发展趋势。改革开放使服饰发生了巨大变化，陕西紧随全国，喇叭裤兴起了，西装普遍化了，韩流也涌来了，牛仔裤上街了，朋克露面了，长头发、花衣服到处流行，奇装异服比比皆是，五彩缤纷、款式多样的时装迅速代替了色彩与款式单一的"老三装"（中山装、军便装、青年装）。影视的影响力不可低估，如80年代中期日本电视连续剧《血疑》播出后，女孩们就穿起了"幸子裙"，男孩也穿起了"大岛茂西装"；90年代以来，由于韩剧的上演，出现了服装韩流现象，一下子将灯笼裤、黄头发尽收眼底。

新世纪伊始，在上海举行的亚太地区经济合作会议（即APEC）上，各国首脑穿上以中国传统文化为背景所设计的唐装，一展华夏英姿，一时间唐装风潮席卷各个角落。唐装以其喜庆的色彩，冲击着人们的视觉感觉，又以其精益求精的传统图案，引起人们对中华传统文化神韵的丰富联想。其传统与现代相结合的款式造型，再配上做工复杂、特别的中国结（盘扣）等装饰，成为了人们逢年过节、出席各种隆重活动、参加各种场合的聚会都喜爱穿着的服装。

三、色彩

　　服装色彩是服装艺术另一个重要的表现形态。从自然审美的角度来看，服装色彩可以根据个人不同的爱好来选择，但是在中国，服装色彩是不能随心所欲选择的。从周代以来，服装颜色都是有讲究的，我国古代以不同色彩来区分等级身份，所以服装色彩具有很强烈的功能特征。而戏剧艺术、歌舞艺术、影视艺术中的服装色彩，则要根据作品的整体要求、人物形象塑造、艺术氛围营造等因素来选择服装的颜色。

　　陕西服装和中国服装色彩追求是一致的。中国最早服装的色彩受天地自然的启发，选用玄衣黄裳制度，即上衣为黑色。下裳为黄色。后来，不同的朝代对色彩有不同的崇尚标准。比如根据五行学说，商代属金德，所以尚黄；周代属火德，尚红；秦朝属水德，尚黑。汉代初年，刘邦曾在夜里杀死大蛇，认为蛇为白帝子，杀蛇者为赤帝子，因而服装尚赤色。后来汉武帝改制后，崇尚黄色，又以朱、紫两色为富贵之色，而贵族将青、紫两色作为燕居的服色。古时用蓝靛染色，因多次套染而成的深青色会泛出红光，所以怕深青乱紫，不许有些官员穿用，同时把青、绿色定为民间常服颜色。青绿色在视觉上给人以温馨、和平、积极向上的感觉，所以一直作为平民的服色。秦汉时期，陕西以青、紫两色为尊贵之色，不许平民穿用，平民只能穿白色或灰色的衣服。关于秦汉时期服装颜色的艺术特征，可以通过考古出土的实物得以验证，比如秦始皇兵马俑的服装颜色主要以黑色、青色、灰色呈现，当然出土文物也会受到空气、水分等自然因素的影响而发生变化，从而使原本漂亮的颜色风化；汉杨陵出土的陶俑，其服装颜色就比秦代兵马俑服装颜色要艳丽、丰富得多。唐代以来，黄色成为皇室专用色，其他身份的人不能再用黄色，但是社会上、民间对服装色彩的要求，远远超过了朝廷所规定的那些单调的颜色。唐代是极为开放的历史时期，从服装名目、款式造型到服装的色彩，都是非常丰富、华丽和多样化的，唐代的百鸟毛群、石榴裙、郁金裙等，其奢华程度都是令今人大为惊讶的。特别是百鸟毛裙，当时只造出了两条，这种裙子"正视为一色，旁视为一色，日中为一色，影中为一色，而百鸟之状皆见"，即从正面看是一种颜色，从侧面看是一种颜色，在阳光下看是一种颜色，在灯光下看又是一种颜色，可见其颜色丰富的程度；石榴裙则是"眉黛夺将萱草色，红裙妒杀石榴花"。唐代大型歌舞《霓裳羽衣舞》把当时所有华丽、迷人的颜色都用在舞台表演的服装中了。明朝皇帝姓朱，所以以朱为正色，而民间服装承袭的是旧传统，色彩相对来说丰富一些。生活条件比较好的平民妇女可以穿紫色、绿色、桃红色等颜色的衣服，尤其是商人官宦家的男女，都穿得比较华美、艳丽一些，但是常年在田间劳动的农民只许穿褐色衣服。

　　和其他国家不同的是，我国会从礼仪的角度出发，把服装颜色和节气联系起来，这是很特殊的服色意识，比如过年时人们都要穿新衣裳、小孩衣裳以红为主、清明时节要戴柳帽、端午节戴五毒兜肚等。在儒道思想的影响下，服色往往与五行、四方、四时联系起来，东汉明帝"博雅好古"，以三代为典范，制定了新的冠服制度，以四季节令作为服色变化的依据，要求春天穿青色衣服、夏天穿赤色衣服、秋天穿黄色衣服、冬天穿皂色衣服，陕西服装亦受到相应影响。当然这些规定不免死板，上层官家、富裕的商家能随着季节比较频繁地更换服装颜色，但是老百姓受到经济条件限制，就不能频繁随节气更换服装颜色。但是由于天气变化的原因，人们一般春秋穿以红、绿、蓝为主的亮色衣服，冬天穿以黑色为主的深色棉布衣服，夏天穿以白、粉色为主的浅色丝麻衣服。

色彩作为服装中最为抢眼的因素，无时无刻不在点亮着人们的视觉领域。在服装选择和形象设计中，色彩发挥着非常重要的作用。特别是在女性服装及女性形象设计方面，色彩的作用就显得更为突出。

色彩是形式美的重要内容。在形式美6大法则中，色彩占据着非常重要的位置。它也是造成服装美的重要元素。一般说来，物体最能引起人们视觉注意的焦点首先是色彩，然后是形状等因素（还包括款式、材料、质地和纹路肌理），所谓"有形必有色"就指的是颜色在先的问题。从形式角度而言，服装美有3大基本要素：一是款式，二是色彩，三是图案花纹、装饰造型，这3者就是符合"有形必有色"标准的，这也是造型艺术塑造形象的关键要素。事实上，色彩比款式、布料等更容易引起人的视觉感受，能使人产生较为强烈的美感。人们生活中衣食住行这4大基本要素，无一不与色彩相关，色彩与人的生活是密不可分的，与服装更是关系密切。

色彩具有独特的审美性质和意义蕴涵。第一，色彩具有联想性。色彩能使人产生丰富的联想，比如红色首先会使人想到朝阳、玫瑰花、鲜血、火炬、霓虹灯等，不同的人对于同一色彩会有不同的联想结果，但是色彩的联想也具有更多的共同性。比如蓝色使人想到一望无际的晴空、辽阔无边的大海、平静如绸的湖面等。夏天，若看见有人穿着海蓝色或湖蓝色衣服，马上会让人产生清新、凉爽的感觉；第二，色彩具有代表性。它以自身绚烂缤纷的迷人效果作用于人的眼睛，向人们传达出一定的动人感情意味，使人产生内心情感的喜悦和波动，并将这种情感和意识活动显现于面部神情、心理活动和生理反应等方面，使人产生由色彩引起的丰富的情绪感。比如红色让人激动而跃跃欲试，绿色让人喜悦而充满生机，蓝色让人沉静而安谧，黑色让人冷静而深思，白色让人高洁而淡定，黄色让人高贵而成熟。要使服装具有较突出的色彩美，就要了解配色的基本方法与原则。服装配色就是从无彩色系和有彩色系的色调中，根据人们的肤色、体型、性格、性别、年龄、身份、职业、爱好等方面，给予合理、适宜性的配置。主要配色方法有对比法和调和法。对比法比如黑白相配、红白相配，这样可以增加透明度；黑红相配、白蓝相配，可以强调色调感等。红色很热闹、强烈，如果以粉色调合，就会显得柔美娴静，如一个女孩穿上粉红色衣服，搭配上蓝色外套，粉红衣服在蓝色背景映衬下，马上会使着衣者更加妩媚、迷人。这样的配色会使色彩显得活泼、生动，适合性格开朗的年轻人。调和法就是使色彩淡化，不要太强烈、太刺激、太扎眼，就像闻一多所主张的"要深不要浅，要暗不要鲜"。比如淡色加深色，会显得服装淡雅、稳重、柔和，给人以亲和的感觉。

今天，人们进行服装色彩的选择和搭配时，首先考虑的是时尚追求，在舞台上进行艺术表演的服装，仍然是以华丽、美观为主。但是服装不能完全抛弃民族性的传统元素而只接受外来文化元素的影响。

第四章 关中地区饮食文化

第一节 关中饮食文化的起源

关中位于黄河中游,是中华民族的文化摇篮,也是中国烹饪技术的重要发源地。作为文化反映的关中小吃,也以历史悠久、源远流长而载入史册。西安东郊半坡遗址(现为半坡博物馆)出土的锅灶和谷子,说明6000多年前居住在这里的先民不仅脱离了"茹毛饮血"的饮食状态,而且初步掌握了烹饪技术。如今仍遍及陕西关中地区的石子馍,就是我们的祖先把生食加工为熟食后,用石子导热,上烫下烙焙制而成的一种食品,其渊源可上溯到新石器时代。

秦中自古帝王州,是周、秦、汉、隋、唐等13个王朝的建都之地。关中饮食文化源自西周,其内涵十分丰富、博大深邃,包括饮食资源、饮食制作、饮食消费、饮食器具、饮食礼俗、饮食方式、饮食卫生、饮食文艺、饮食思想、饮食文献、饮食交流等物质和精神两大层次。经过秦、西汉、隋、唐、五代的发展演化,形成了关中饮食独有的文化,在中华饮食文化中占有一席之地,同时也起到了不可忽视的作用,并影响后世几千年。至今,关中大地上的饮食习惯基本还是沿袭着这条祖宗留下的轨迹继续着、调整着,虽然不断受到外部的冲击,但关中饮食文化的核心并没有改变。从饮食文化中可以看出中西文化的交汇、南北文化的交融、各民族文化的交融,可以说,关中饮食文化是中华文明发展的一个缩影。

自周始,经秦,至汉,关中地区都以三辅为中心,三辅是当时著名的农业区,土地肥沃、物产丰富,史称"膏壤沃野千里""好农而重民"。在关中地区的中心地带丰、镐一带,"号为土膏,其贾亩一金",有"陆海""天府之国"的美誉。被班固称为"衣食之源"的郑国渠、白渠为农业生产提供了充足的水源。这里还有着便利的交通,所谓"南有巴蜀之饶,北有胡苑之利"。优越的自然环境是五代以前各朝在关中地区建都的主要原因之一。同时,富饶的土地和重农的传统使得这一地区出现了种类繁多的作物品种,"有秔、稻、梨、粟、麻、桑、竹箭之饶,土宜姜芋,水多蛙鱼"。在主食类食物中,粟是关中地区的重要食品。秦汉之际,粟是餐桌上的主角。小麦在关中居民主食中的地位刚开始时是很低的,这与品种和制作方法有关,因此小麦刚开始时并不是什么美食。后来由于统治者的提倡和加工技术的提高，小麦逐渐成为关中地区主要的农作物，也相应地在当地居民饮食中占有重要的地位。除小麦外，菽、稻、荞麦等也是关中百姓的主食。稻米在当时的关中人心目中是上品食物，《史记·礼书》中写道："稻粱五味，所以养口也。"

养猪在关中地区十分普遍，汉代杨氏墓群出土了5个陶猪圈，而羊圈只有1个。《后汉书·逸民列传》说梁鸿曾"牧豕于上林苑中"，可见猪肉是关中地区居民常见的食品。其他肉类食品还有羊、牛、鱼、鸡等，野生的兔、鸟也是关中居民的嗜好。

关中的蔬菜除韭、葱、蒜、葵、芹、芥等黄河流域常见的品种外，可能还有芸蒿。晋张华《博物志》说芸蒿"长四、五寸，香美可食，长安及河内并有之"。关中地区还是果树栽培较早和生长较为繁茂的地区。早在先秦时期，这片土地上即有不少野生水果被人服食并被记入史册。如《诗经》中有"终南何有，有条有梅""终南何有，有纪有堂""阪有漆，隰有栗""交交黄鸟，止于棘"等。司马相如的《上林赋》和《子虚赋》中记录的上林苑中的果类就有卢桔、黄甘（柑）、橙、榛、枇杷、柿、杨梅、桃、樱桃、荔枝、梨等。

总体上看，关中百姓有着较高的生活水平。这一方面得益于优越的自然环境，同时也与这里的阶层结构有着密切的关系

第二节　关中饮食文化的形成

由西周到唐代总计1000多年间，陕西关中地区是中华饮食文化的中心，烹调技艺和菜点都是最先进的。陕西饮食文化是中华饮食文化的代表，陕菜是中国的代表菜，其中心地位之显赫自不待言。并且政治中心大致在西安—洛阳—开封一线移动，这里农业开发最早，也最完善，各种牲畜和谷物都有，属于五谷杂粮并食区，家蔬野果等植物性食物也十分丰富。但由于这一地带的过度开发，使得土地承载力下降，加上各种灾害和战乱，使得这一地区的饮食文化除了少数上层社会的奢侈消费外，大多数黎民百姓保持着节俭朴素的生活传统。黄河中游地区的面点小吃很有特色，尤以陕西、山西的小吃最具代表性。陕西的小吃反映了关中人的厚道和豪放，比如油泼辣子、像腰带的面条、像锅盖的烙饼、大碗如盆的羊肉泡馍等。

唐之后，长安虽失去了中心地位，但仍是中国西部的重镇，其饮食文化不仅辐射到西北5省区，且旁及到豫西、晋南和河套地区。因为这些地区的味型不但与陕菜的偏于酸辣鲜香颇相似，其烹制方法也与陕菜擅长的蒸、炒、氽、炝、炖、烤等烹法大致相当，而且不少菜点的名称也几乎一样，诸如陕菜中的条子肉、粉蒸肉、酸辣鱿鱼丝、酸辣肚丝汤、酸辣白菜、醋溜土豆丝、糖醋里脊、糖醋鲤鱼、水氽牛肚、生氽丸子、炝鳝片、清蒸羊肉、葱爆羊肉、红烧牛尾、萝卜鲫鱼汤、辣酱烧豆腐、

鸡丝拉皮、细沙炒八宝和大肉饼、大油旋、羊肉泡馍等菜点，这些地区也大都经营。这也从侧面说明西北地区饮食文化是基本一致的，陕菜就是今日西北的代表菜。

陕菜的形成，小吃是其中非常重要的一个组成部分。由于政治、经济、文化上的有利条件，使陕西小吃能够博采各地小吃之精华，兼收各民族小吃风味，挖掘、继承历代宫廷小吃之技艺，因而以品种繁多、风味各异、古色古香著称，以宫廷佳品见长。现在西安的甑糕、糍糕，就是由3000多年前西周时期王子专用的食品"糗饵粉餈"演化而来的。到了宋代，史籍中已有糍糕的文字记载。

19世纪，在西安市的南院门、麻家什字、东关八仙庵等地已相继形成了规模不同的小吃市场。到了20世纪30年代，又增加了"游艺""国民""平安"等市场，小吃摊店鳞次栉比，而经济、文化比较发达的三原县小吃就更加活跃。城隍庙、老市场、龙桥、南关等处小吃市场上的小吃摊约有500多个，一户只卖一个品种，定时、定点供应，各有风味特色，因此久负盛名。

传统的风味小吃是陕西烹饪文化的重要组成部分，在漫长的历史时期内得到了发展和充实，使之更加完善。它以浓郁的乡土韵味、丰富的内容，赢得了国内外赞赏和高度评价。西安城内经营羊肉泡馍的以老孙家羊肉泡馍最有名气，东大街那家就很不错，分量十足；樊记肉夹馍也很好吃；桥梓口回民街的吃食地道，泡馍、汤包、杂碎汤等，便宜而且好吃；贾三灌汤包子就是在包子里包进用皮和调料熬成的高汤冻（肉冻），此小吃不可不尝；烤肉串几毛钱一串，物美价廉；凉皮又称"皮子"，调味讲究，以"白、薄、光、软、筋、香"而闻名，味酸、辣，凉爽可口，是关中西府的重要名吃；锅盔始创于唐代，用铁锅烙制。陕西的风味小吃中，"凉皮"是最受欢迎的品种之一，男女老少爱吃，尤受年轻姑娘欢迎，一年四季都有卖，夏天吃的人更多。凉皮绵软润滑、酸辣可口、爽口开胃，陕西的陕南、陕北、关中都有凉皮，但因做法、吃法、调料、用料上的不完全相同形成了4大流派。

关中的小吃季节性很强，不同季节有不同的应时品种。每当烈日炎炎、酷暑逼人的夏季，清爽利口的水盆羊肉和水盆大肉浆水面、姜丝拌汤等供人们选择；黄桂柿子饼是金风送爽，黄桂飘香季节的佳品；隆冬严寒季节，麻、辣、咸香的西安王记粉汤羊血，春发生葫芦头吃后能使人增加热量，驱寒送暖。

第三节　关中饮食起居文化

关中地区的饮食文化汇聚了省内其他地区饮食的特点，既有制作技艺高低不同的风味菜系，也有各类小吃；既有种类繁多的面食，也有用各种谷物制作的食品。关中地区传统的饮食起居习惯在城市和农村均有不同程度的保留。饮食起居指的是日常饮食品种及饮食习惯。饮食品种包括用稻谷、小麦等农作物，牛羊猪等动物，蔬菜为原料制作成的各类食物。饮食习惯指的是关中地区人们对食品和饮品的习惯与偏好，包括烹饪方法、饮食材料、所用器皿、饮食时间、烹调风味及佐料的习惯与偏好。

以下顺序介绍关中地区部分日常面食、节令及人事活动所用面食，再介绍副食、菜肴、起居。

（一）花馍

又称"花花馍""面花"，主要用于逢年过节亲朋之间互相馈赠，可以食用。制作时把小麦或其他杂粮面粉发酵，揉成面团，再捏成不同的形状，上笼蒸熟后画上各种颜色。花馍的捏塑以面团整体为塑造对象，吸收借鉴了剪纸、雕塑等工艺的特点，采用剪、捏、梳、压等多种方法，多做成枣花馒头，花、鸟、虫、鱼、蝴蝶、蔬菜、杂果等造型。西安的花馍样式比较简单朴实，以长安区鸣犊镇吊钟沟村的花馍最具代表性。

（二）礼馍

为逢年过节、婚丧嫁娶、出生满月等"过事"的时候用来馈赠或祭祀的花馍。礼馍做工比普通花馍要更讲究、更复杂，也可以食用。礼馍品种有"献爷馍"（除夕初一等重大节日敬祖先的馍）、"双王馍"（父母给儿子蒸的馍）、"指妇馍"（公婆给儿媳妇蒸的馍）、"绞巴子"（长辈给孙子辈蒸的馍）、"寿桃"（走亲戚时送给长辈的馍）、"馄饨馍"（走亲戚时送给小孩的馍）、"莲草馍"（走亲戚时送给平辈的馍）等。

（三）花卷儿

当地常吃的一种面食。有普通形状的，也有带造型的。普通形状的就是将发酵好的面和好，擀成约10厘米长、5厘米宽的面胚，抹上植物油，撒上辣椒面，然后卷起，用筷子在中间竖着压一下，使之产生印痕并使两头翘起。带造型的比较复杂，做的时候凭个人技巧在面团上做出各种简单的形状和花纹。

（四）蛋蛋馍

西安地区的传统面食，以长安区最为盛行。乡村在逢年过节或过事的时候，通常都要蒸这种精致小巧的馒头款待宾客、赠送亲友。蛋蛋馍很小巧，比鸡蛋大不了多少，有的还略小于鸡蛋。作为红事礼物的蛋蛋馍，还要在顶端点缀7个红色小点。

（五）烧馍

西安地区的传统特色面食，源于渭北一带。用发好的小麦面粉，加青椒叶末及少许盐，揉成扁圆形、略长的面团，用梳子压出花纹，放进烤炉稍微烙一会儿，使馍上色；然后进笼蒸熟，所以叫做"烧馍"，民间又叫"狗舌头"。过去烧馍一般在新麦下来之初作为食品与礼品。

（六）棒棒馍

西安地区的一种特色面食，由白面、素油、茴香、黑白芝麻、精盐等经过揉搓后烘烤而成。制成后的形状为长约20厘米、宽约2厘米的长条，形如木棍儿，因此叫"棒棒馍"。棒棒馍不仅久放不坏，而且营养健胃。

（七）煎饼

西安传统面食。用白面或其他杂粮面粉调成糊，用勺子舀在平底锅上，用光滑的竹片或锅铲把面糊摊开、抹平，翻转煎熟。根据口感的需要，摊的饼可厚可薄、可硬可软。从口味和用料的不同又可分为椒叶煎饼（其中有碾碎的花椒叶儿）、白面煎饼、鸡蛋煎饼等。吃法比较多，可以直接吃，也可以将炒菜、凉菜卷到饼里吃，或者蘸着蒜水吃。

（八）石子馍

西安一种独特的面食，因其历史悠久、加工方法原始，所以被称为我国食品中的活化石。制作时用白面制成馍坯，里面放入油和盐，有的还加入鲜花椒叶，再将馍坯放在烧热了的专用石子中烙熟，故得名。又称"砂子馍""干馍"。

（九）锅盔

又叫"锅盔馍"，是西安的传统面食。锅盔大小不一，整体呈圆形，直径20厘米到50厘米不等，厚度1厘米到3厘米不等，形似锅盖，"陕西八大怪"中就有"锅盔像锅盖"之说。

因为厚，当地人又把它叫做"睁眼锅盔"，意思是吃的时候嘴要张得很大，同时眼睛也要睁得很大，才能把锅盔咬到嘴里。做锅盔的原料是精细白面，反复揉搋后用平底锅慢火烘烤（乾县一带的锅盔用柴火烤，需要烤一个晚上），烤熟后外表焦黄、切口色白，酥脆适口。锅盔吃法多样，可以直接吃，也常夹辣子、夹菜、夹臊子吃。关中各县都有锅盔，以产自岐山和乾县的最为出名。

（十）饦饦馍

西安回民的主要食品，专用于吃胡辣汤和牛羊肉夹馍。饦饦馍的名字是阿拉伯语"图尔木"（Turnil）（食品）的音译，后来叫"饦饦馍"或简称"饦饦"。饦饦馍从制作工艺上分有两种，一种是硬面馍，一种是软面馍。制作时将面粉加上适量的酵面（烙制硬面馍不用酵面），揉成筋韧光滑的面团，擀成小圆饼，放在平板锅上，翻6、7遍后，将饼子发轻、摁着有弹力即可出锅。饦饦馍底色洁白、花纹金黄，筋韧甜绵。在火候上，软面馍烤的时间略短，而硬面饦饦馍则要求有筋劲、掰碎泡入胡辣汤后不粘不散。西安汉族百姓食物中也有"饦饦馍"，一般指较小的圆形烧饼。

（十一）定面馍

西安人常吃的一种面食，主要由回族人家制作，直径比饦饦馍大一些。将没有发酵的死面揉成圆饼，放在铁制的平底锅上烘烤，烤至7、8分熟，特别瓷实，主要用作牛羊肉泡馍。泡馍前用刀将馍横竖切成4等块、掰成比指甲盖还小的碎粒儿，这样容易煮熟，好入味。

（十二）白吉馍

肉夹馍的主要食料，实际是一种烧饼。白吉馍俗称"白吉子"，传统的制作方法是用一种特制的烙饼工具"三扇鏊"慢慢烤烙而成。先把馍胚放在最上一层加热，烙到半熟后放进下一层加盖，充分烘烤，至两面金黄时就熟了。白吉馍的特点是"铁圈虎背菊花芯"，皮薄松脆、中心空虚，可以便利地夹肉。

（十三）肉夹馍

西安最具特色的传统小吃之一，深受当地人喜爱，与凉皮和冰峰汽水一起被戏称为"西安套餐"。肉夹馍中的馍是白吉馍，肉是腊汁肉（见后文"腊汁肉"条）。吃的时候用菜刀将肉切碎，将白吉馍从中间剖开，填入剁碎的肉后即可食用。

（十四）牛羊肉夹馍

西安地区的清真食品。与汉人食的肉夹馍不同，清真所用的馍是饦饦馍。吃时将饦饦馍从中间剖开，再将腊牛羊肉或酱牛羊肉切碎夹在馍中，肉烂馍酥。以前西安人常将其作为早点，与胡辣汤配着吃。现在饮食习惯有所改变，一日三餐都可以吃。

（十五）牛肉饼

西安著名的清真食品。制作方法是将和好的面团放在抹有油的案板上擀成长条状，再将牛肉馅、花椒粉、胡椒粉和葱花撒在上面，卷起面把馅包好，轻轻压扁成饼状，放在平底锅中用油煎熟即可。因为有花椒面、胡椒面及葱花的搭配，因此丝毫吃不出牛肉的膻味来。

（十六）牛羊肉泡馍

西安最具特色的清真食品之一，历史悠久，已成为西安地区的饮食文化名片。

牛羊肉泡馍中的馍用的是定面馍，因为是死面，所以掰大了会不入味，而且会煮不熟，所以要掰成小指甲盖大小。下锅时加入粉丝、牛羊肉、葱末、黄花菜、黑木耳、料酒、盐、味精等调料，先稍稍炒一下，再把煮沸的牛羊肉汤和水烧开，将馍倒进去，武火急煮1分钟左右即可。吃的时候要配上糖蒜、香菜、辣椒酱。

泡馍的吃法分4种：一叫"干泡"，馍煮好出锅的时候，舀出多余的汤来，吃完后碗里无馍、无肉、无汤；二叫"口汤"，顾名思义，吃完后恰好有一口汤能把喉咙里的食物送进肠胃去，即民间所谓的"原汤化原食"；三叫"水围城"，这是个形象的说法，煮馍的行话叫"宽汤大煮"，馍盛在碗里，周围都是汤汁，中间的馍好似小山一样露个顶，上面铺着几片肉；四叫"单做"，类似水盆羊肉，即汤和肉单煮单吃，馍拿在手里就着吃。

（十七）小炒泡馍

西安特色小吃之一，是牛羊肉泡馍做法的一个变种。泡馍是用煮的方法，而小炒则是用炒的方法。将掰好的馍放入小锅里，同时加上青菜、木耳、西红柿、牛羊肉等一起烩，再加点醋和油泼辣子，吃的时候可以配上糖蒜解腻。

（十八）水盆羊肉

一种著名的清真特色食品。水盆羊肉味道好坏的关键在于汤，所以汤的制法很讲究，要将羊腩加上尖椒、粉丝、木耳、香菜、八角、花椒、桂皮、白芷、草果等加水熬制而成。吃时将煮好的羊肉切成片儿或块儿，再放入煮好的粉丝、木耳，浇上热羊肉汤，撒香菜、调油泼辣子。吃时既可吃馍就汤，也可将馍掰碎泡着吃。

（十九）葫芦头泡馍

西安地区的一种特色食品，将白吉馍掰成块与煮熟的切块猪大肠一起浇上热汤制成。葫芦头泡馍的汤很讲究，是用猪骨头和整鸡熬成的，好汤要熬上一天一夜才能入味。吃时将掰好的馍与切好的肠、熟粉丝放入碗中，用锅内滚开的汤汁反复浇数次，使碗内的馍块浸透汤汁，有的还要淋上适量的熟猪油。为了压住油腻，食用时一般要配上泡菜。

（二十）油塔子

油塔子是回民常吃的清真食品，形状似塔。制作方法比较复杂，先用温水和面，加酵面揉成软面，发酵约1小时，再加碱水揉好稍醒，揪成面团，外面抹上清油。制作时把面团拉薄拉长，抹上少许羊油，再撒少许精盐和花椒粉，将面边拉边卷，最后拧成塔状，入笼后用旺火蒸熟。

（二十一）锅贴

西安地区的一种特色面食，属于煎烙的馅类食品。包锅贴的时候一般取馅儿与面皮各半，包好后的成品呈扁长条形，两头不封口，然后放入大平底锅中煎炸。因底面贴锅而呈扁平状，故名锅贴。

（二十二）金线油塔

西安地区流行的一种面食。因其做好的成品看上去像座宝塔，上面用细细的面条盘了很多层，用筷子夹起来像金线，故而得名。制作时选用上等面粉和生猪板油及网油，把油搅拌成绒状，薄薄地抹在面上，卷成花卷状，再擀平，反复几次，使油饼层次增多。然后用刀将面切成细丝，撒上调料，卷成塔状，上笼蒸熟，达到根根如线的效果。传统的吃法是浇上蒜泥，配上咸菜和豆浆食用。

（二十三）biángbiáng面

"biángbiáng面"是西安地区极具代表性的面食，是西安乃至整个关中地区的文化符号之一。制作时将面团擀成约四五厘米宽，长约1米的面条，然后揪成五六厘米长的段儿下锅煮。吃法很多，可以撒上盐和辣椒面，浇上滚油，即所谓"油泼辣子biángbiáng面"；也可以和肉、菜臊子干拌。

当地人不知道"biáng"的本字，所以创造了一个特殊的字，还编了写字的口诀："一点飞上天，黄河两头弯，八字大张口，言字往进走，左一扭，右一扭，东一长，西一长，中间夹个马大王，月字边，心字底，挂个钩担挂麻糖，推个车车逛咸阳。"关于"biáng"的来源有两种观点：一种认为是"饼"字，保留了古代的读音；一种认为得名于做面过程中在案板上"biángbiáng"甩面的声音。

（二十四）臊子面

西安地区特色面食之一：特点是汤多、臊子多。

面经过手工反复揉搓碾压后擀成，每根面都要很筋道，而且要拉得很细。臊子是吃面条时在面条上浇的卤料，以猪肉（略带皮的肥肉）、胡萝卜、木耳、黄花菜、豆腐、韭菜、鸡蛋片等为基本原料，加葱、姜、料酒、酱油、盐、八角等炒制而成。将面条煮熟后捞到碗里，浇上做好的臊子，依照个人口味加醋、辣子。臊子面是西安乃至整个关中地区人们日常生活中重要的饮食品种：逢年过节、婚丧嫁娶、过寿满月、款待亲朋都要吃臊子面；农村地区新年第一天的早晨基本上都会吃臊子面；祭祀先人也用臊子面。

在关中地区，臊子面种类繁多，其中以岐山臊子面最为著名，其特点被归纳为9个字："薄、筋、光、煎、稀、汪、酸、辣、香。"

第四章 关中地区饮食文化

（二十五）蘸水面

西安特色面食之一。以杨凌一带最为盛行，所以又叫"杨凌蘸水面"。将面煮熟后盛入带面汤的大盆中，配上绿菜时蔬。吃的时候将面条捞出，放入料碗蘸汁后再吃，故而得名。蘸汁碗很讲究，有炒熟的蒜苗、番茄、鸡蛋片、黄花菜、木耳等，再加入蒜泥、辣椒油等5味佐料。"蘸水面"是从吃的形式出发命名的，它的主料面条一般是"裤带面"。

（二十六）油泼面

西安特色面食之一，特点是用滚烫的清油浇泼后吃。油泼面的面条要以手工擀制，切成宽面。将煮熟的面条盛入碗中，撒上盐，再放少量青菜、一两匙辣椒面，之后立即用滚烫的清油浇泼在面上，再加入酱油、醋，香气扑鼻，让人很有食欲。

（二十七）棍棍面

西安特色面食之一。制作时把和好的面揉成一个长条形，再均匀地分成一个个小面团，切成条后，要一根一根地用手在案板上滚搓成形，故西安农村也有叫"搓搓子"的。吃的方法也多，最受欢迎的吃法还是油泼棍棍面。

（二十八）浆水面

西安特色面食之一，多在夏季食用。浆水面中最重要的是浆水菜，制作时先把芹菜（或雪菜、萝卜缨子、小青菜等）用开水烫过，然后将其与旧浆水引子（也可用玉米面糊糊自行发酵而成）和煮过面条的面汤（不能带油腻）一起泡在一个用开水烫过的容器里面，盖上盖子，在室温下发酵2、3天（冬天可能需要1个星期），每天尽量换一次面汤，直到汤变酸为止。

做浆水面时，先将浆水菜舀入锅中，根据酸味的浓度酌量加入适量的清水，待煮沸后放入葱花、香菜、盐、辣椒等调味品即成浆水臊子。待面条煮熟后，浇上制好的浆水臊子，再配上切碎的生腌韭菜或红辣椒，酸辣可口、生津解渴。

（二十九）摆汤面

西安特色面食之一，为将煮熟的手工面条蘸汤汁吃的一种面食。关中方言"摆"有"放在水中投"的意思，"摆汤面"即把面放在汤中"投"着吃。摆汤面的臊子用黄花、木耳、油豆腐丁、西红柿、蒜苗、韭菜、葱花、肉丁等炒熬制成，吃时要用两个碗，一个盛面条、一个盛臊子汤。吃法和蘸水面有些相似，但面条宽、厚截然不同。

（三十）旗花面

西安特色面食之一。将面擀薄后切成菱形小片，煮熟后在汤锅中加上各种蔬菜、肉丁、鸡蛋花等即可。

（三十一）菠菜面

西安特色面食之一。将新鲜菠菜叶投入开水中略焯后捞出，榨出汁，加水和面，至面团完全变成绿色即成菠菜面。根据各人喜好，面条可宽可窄，吃时可加入臊子吃"臊子面"，也可泼上热油吃油泼面。菠菜面的最大特点是面条翠绿、筋滑鲜香，含有人体所需的叶绿素和维生素，弥补了单吃面食的不足。

（三十二）空心挂面

西安的一种特色面食，各区县均有生产。挂面选用上等面粉，加盐水拌匀揉搓，直到软韧合适时依次进行盘条、绕条、拉条、3次醒面、上杆、两次拉长、下杆等工序。成品细如发丝，内为空心，面筋道而韧、口感圆滑，放入锅中久煮不烂。空心挂面以西安近郊蓝田楼祝村所产的最具代表性。

（三十三）荞面饸饹

饸饹是西安地区常见的杂粮面食，制作方法是用一种特制的饸饹床子将荞面团压成细长的圆面条。饸饹煮熟后可以热吃、凉拌，还可以炒着吃。在西安地区，蓝田的荞面饸饹最有名。

（三十四）麻食（子）

西安当地的一种家常面食。将和好的面团先搓成条状，然后揪成大小均匀的面团，用大拇指在案板上搓成一个个小卷，形如猫耳朵，这种做法俗称为"勤麻食"。"懒麻食"则是先将面擀成面片，后切成0.5厘米左右的方片，搓揉之后下锅。讲究的会把面团放在干净的草帽沿上搓，这样能够搓出非常好看的花纹。麻食的吃法多种多样，可以煮、可以烩、可以炒，依据个人喜好选择。当地人认为麻食越回锅越香，故有一段顺口溜："好吃莫过热剩饭，剩饭最香麻食面。麻食麻食热三遍，给个县长都不换。"

（三十五）地菜包子

西安传统风味面食。地菜又名地耳，俗称地皮菜，是一种野生食用菌，雨后树林中的野地里最多。做地菜包子时，地菜要反复淘洗，去净泥沙，切碎，然后与豆腐丁、姜米、葱花、粉条、鸡蛋以及花椒粉、盐等调料混合盘成馅，包成发面包子，上笼急火蒸熟。

第四章　关中地区饮食文化

（三十六）灌汤包子

西安地区著名面食。品种多样，有猪肉馅、牛肉馅、羊肉馅、鸡肉馅、虾肉馅、素馅等。灌汤包子分汉食与清真两类，用料不同：汉食的灌汤包子多用肉皮冻做馅，皮冻加热后即在包子内形成一包油汤；而清真灌汤包子是用鲜骨髓汤做馅，家庭制作中也有用鸡汤做馅的，甚至有人直接用水做馅。

灌汤包子里面有一包油汤，吃法非常讲究："轻轻夹，慢慢晃；戳破窗，勺接汤；先吃包，再喝汤。"

（三十七）酸汤水饺

西安地区传统面食。馅的种类很多，如牛肉馅，羊肉馅，海味馅，素馅等，以羊肉馅最正宗。

酸汤的制作很讲究，需用到虾皮、熟芝麻、牛油、香油、鸡油、甜醋（醋里面加上30%的水以及八角、茴香、丁香熬成）、酱油等多种调料，煮沸后加入红糖，再熬制半小时而成。吃时把包好的饺子煮熟后盛入特制的酸汤内，再撒入香菜末、韭菜末即可。

（三十八）饺子宴

西安独有的以饺子为主要菜式的宴席，以德发长的饺子宴最著名。饺子宴一饺一形，百味百饺：馅料多种多样，猪牛羊肉、鸡鸭鱼肉、山珍海味、鲜蔬、干菜、果品都可入馅；馅的制作方法多种多样，烹、炒、煸、爆、炸、溜等皆可；做熟饺子的方法多种多样，蒸、煮、煎、烤、炸皆可；口味多种多样，有咸、酸、甜、麻、辣、鱼香、怪味等；形状也多种多样，除了传统的造型，还有花草鱼虫、金钱元宝等。

饺子宴上桌程序颇有讲究：从烹制方法上讲，先上炸、煎类饺子，后上蒸、煮类饺子；从口味上讲，先咸、次甜、后麻、辣；咸味饺子中，先海鲜，次鸡肉，后清素。约上10道饺子以后，上一道银耳汤漱口清喉，调节一下口味，再继续上其他饺子。饺子宴层次分明，使人回味无穷。

（三十九）搅团

西安人常吃的一种传统面食，在关中农村非常普遍。制作搅团的原料用荞麦面、玉米面、洋芋面、白面皆可，将面粉糊糊慢慢倒入开水锅中不断搅拌，使受热均匀，直到煮熟稠成团为止，故名"搅团"。

搅团在民间有个绰号叫"哄上坡"，意思是不顶饱，上一道坡就饿了。搅团的吃法主要有三种："水围城""凉鱼鱼""凉片片"。"水围城"是热吃，舀一勺热搅团在调好的汤汁里边，待稍凉后，就着汁子吃。因搅团凝固后成团，周围都是汤汁，故形象地称为"水围城"；"凉鱼鱼"是用大漏勺把热搅团漏出来后用凉水沁凉，然后浇上汤汁吃；凉片片是指将热搅团放在盘子里晾凉，吃时再切成小块儿，最后调上汁子、撒上韭菜。

吃搅团还有种种说法，如有的地方大年三十要吃搅团："三十早上吃搅团，一年到头够搅缠。"

人们认为吃了搅团，这一年的生活将不会太艰难。

（四十）搓面拌汤

西安家常面食。制作时将和好的面搓成米粒般大小带尾巴状的小面疙瘩，然后配以鲜汤、蔬菜、鸡蛋等做成。

（四十一）老鸹臊

西安的一种特色面食。制作时将面粉拌水搅成糊状，然后用筷子一个个拨入开水中煮熟，加上西红柿、豆腐干、海带、小青菜等各种菜蔬调料即成，类似其他地方的"拨鱼儿"和"疙瘩汤"。关中话把"乌鸦"叫"老鸹"，把"头"叫"sa"，老鸹sa中的面疙瘩两头尖中间圆，很像乌鸦头，故名"老鸹sa"。老鸹sa的汤汁口味很多，如海鲜、甲鱼汤、鸡汤、三鲜汤等，最家常的吃法还是普通的肉臊子汤。

（四十二）菜疙瘩

西安地区特色小吃。将大量时令青菜切碎，与少许面粉混合，加入少量水和调料搅拌均匀，然后用手握成大小和鸡蛋近似的一团，放在笼中蒸熟即可。吃时蘸辣油、醋、香菜叶和蒜泥等混合的调料汁。

（四十三）麦仁稀饭

西安人常吃的一种稀饭。做法是将大麦去皮后略泡一下，煮成粥即可。也可随个人喜好，加一点扁豆、绿豆、枸杞之类的食材。

在关中，一到麦收季节，人们多以此款待帮忙的亲友和临时工。吃时再做些面皮、煎饼，炒点青辣椒，这样既消暑降温，又解除疲劳。

（四十四）滋卷

西安地区特色的家常面食，是一种似菜似饭、亦菜亦饭的食品。做法是把面和好，擀薄，卷上芹菜、韭菜等常见的各色蔬菜，做成多层、长形卷儿，蒸熟后切成短节，蘸辣油汁吃。

（四十五）腊牛（羊）肉

腊牛（羊）肉是西安地区著名的清真食品，将剔骨牛（羊）肉加适当盐腌制，成型后再加入蒜、辣椒粉、豆豉、花椒粉、茶油、蚝油、鸡精等调料煮制而成。吃的方法有很多种，西安穆斯林最常见的吃法是用刚出鏊的发面饦饦馍夹上腊牛（羊）肉做成"肉夹馍"，或把凉透的腊牛（羊）肉切片，浇上油泼辣子、香醋和蒜泥汁，将其做成一盘凉菜。

（四十六）麦饭

西安地区常见的季节性食品，以面粉和野菜、洋槐花、苜蓿等各种蔬菜为原料，是一道简单、营养、菜香浓郁的地方风味小吃。做法是将洗净的野菜、槐花等与面粉搅拌均匀，蒸20分钟即可。吃的时候将麦饭盛入碗中，依个人口味加入调料（盐、味精、辣椒、蒜泥等）或南汁（醋、酱油、辣椒油、蒜泥等）搅拌均匀。

（四十七）凉皮

西安乃至整个关中地区的著名小吃，有秦镇米皮和麻酱凉皮等。

秦镇米皮原产于户县秦镇，制作过程分为3步：第一步是磨米浆，将淘净的大米放入凉水中浸泡1天左右，捞出磨成米浆，再加入少许盐，用沸水烫开，最后加凉水制成米浆；第二步是蒸米皮，把干净湿布铺在蒸笼上，倒上一层米浆，抹平后蒸10分钟即可，蒸好的米皮要倒扣在大盘子里，中间抹一层熟菜油，防止米皮之间粘在一起；第三步是调味，先用人铡刀或机器将米皮切成细条，放入碗中，调以蒜泥、醋、盐、油泼辣子和配菜（多用黄瓜丝、黄豆芽、绿豆芽等）。

麻酱凉皮是西安清真传统风味食品，制法与秦镇凉皮类似，不同的是调味料以芝麻酱为主，突出的是芝麻的浓香。

（四十八）黄桂柿子饼

西安著名的特色小吃。用临潼区产的"火晶柿子"为主料，把去蒂剥皮的火晶柿子肉用箩网滤成柿子浆，加面粉和成软面团，包入黄桂浆、豆沙一类的馅料，拍压成一个个鼓状的小圆饼，用平底锅两面翻转煎制而成。

（四十九）柿面糊塌

西安地区的一种特色食品，比黄桂柿子饼做工要简略。用临潼地区的特产火晶柿子作主料，和面粉合烹而成。将去掉柿皮、柿蒂的果肉搅成糊，加上面粉拌匀成为稀稠恰当的柿面糊，用铲子把柿面糊摊进"糊塌屉"（糊塌模子，一种圆形的铁制手提浅屉，外凹中凸，边高2厘米）中，放入热油锅中炸，糊塌炸到一定程度会脱开模子飘起来，操作者即可从油锅中取出糊塌屉继续制作。

（五十）胡辣汤

胡辣汤是西安早餐中常见的食品，常见于街上的早市摊点，分为汉食和清真两种。汉食胡辣汤即河南胡辣汤，现在比较流行的是豆腐皮胡辣汤，即将海带丝、粉条、包菜或白菜等放进铁锅里炖，待八成熟后勾入适量精粉搅拌，加入白胡椒，增加辣味，然后兑入配好的调料及花椒、茴香、盐和酱油即可。回民胡辣汤是用牛肉丸、土豆、胡萝卜、白菜等为主要原料，加入适量的淀粉、面粉，以及胡椒粉、五香粉、盐等熬制而成。成品呈糊状，吃时一般还需加入辣子，还常将馍掰碎了泡在糊汤里，称之为"胡辣汤泡馍"。

（五十一）油茶麻花

西安独具特色的传统清真小吃。主料是熟面粉，添加纯净的牛骨髓油，制成油茶。辅料则要根据口味添加，咸味的油菜加入盐、花椒粉，甜味的油菜则加入白砂糖、蜂蜜、麦芽糖等。两种味道都要掺入适量的熟芝麻、花生仁、核桃仁、瓜子仁、杏仁等，当地人以咸味油菜为主。吃的时候常常要泡上麻花。

（五十二）金瓜豌豆黄

西安传统时令小吃，过去主要在春节和夏季做，现在一年四季都可以制作或买到。做法是把豌豆蒸熟，然后制成豌豆茸；把金瓜（一种体形很小的南瓜）去皮切块蒸熟，也制成茸；再加去核的红枣和白糖，趁热搅匀，盛进盆中，晾凉后放入冰箱，吃时切块即可。

（五十三）酸梅汤

西安最常见的一种饮料，以回坊的酸梅汤最为有名。坊上的酸梅汤以乌梅、玫瑰、山楂、冰糖等为原料，大锅熬制后倒入铜缸内放置，做好后不再兑水，内含少许乌梅原料。酸梅汤有生津解渴、降火解腻的功效，夏季尤其受欢迎。

（五十四）凉粉

西安著名的风味小吃。凉粉种类繁多，豆类、米类或芋类都可做原料，如豌豆粉、绿豆粉、土豆粉、红苕粉等。给粉面加适量水稀释成糊，不断搅动，煮熟后冷凝成块。

凉粉的吃法有两种：一是凉拌，二是热炒。凉拌的时候并不用刀子切凉粉，而是用"镂子"（一种特制的铁皮浅勺，圆形，上面布满圆孔）一圈圈在凉粉上盘旋，将粉条从一个个圆孔中刮出来，然后装在碗里，加上辣椒油、芥末、麻油、香醋、细盐、大蒜汁等调料。热炒的凉粉要先将凉粉切成麻将大小，然后在锅里放上油盐葱姜之类，用文火煎成金黄色即可。

（五十五）卤汁凉粉

西安人夏季常吃的一种清真食品。将绿豆凉粉蒸熟后切成细条，再加入制好的卤汁（洋芋淀粉加10余种调料等熬制而成）和调料汁。卤汁凉粉可以单吃，也可以泡馍，吃前先把馍掰成蚕豆大小，然后将松花蛋切成两半放在碗边上，再从水盆里捞起一大块凉粉切成条状放在馍上，用木勺舀上一勺温热卤汁均匀地浇在凉粉上，最后将芥末、蒜水、芝麻酱、油泼辣椒、香油等调料浇在上面。因凉粉质软，因此吃的时候不能夹搅，要用筷子顺着碗边往嘴里刨着吃。

（五十六）粉汤羊血

西安很盛行的传统特色小吃，做法是以煮熟的羊血为主料，配上煮熟的豆腐、粉丝和生菜。吃时将羊血、豆腐、粉丝放入碗中，调入腊汁油（用姜、丁香、花椒、茴香、朝天椒、食盐、桂皮、八角、胡椒粉加上猪油熬煮而成）、辣椒油、生菜，浇入适量的滚汤即成。

（五十七）泡泡油糕

西安传统名小吃，因表皮能炸出许多泡泡而得名。先和好烫面，方法是将开水加熟猪油搅匀后加入面粉，一边用小火加热，一边用勺子搅匀，把面烫透，猪油、水、面的比例一定要恰到好处。再包进黄桂、白糖馅儿，放入油锅中炸。在炸的过程中，油糕内部水蒸气大量形成，气体急剧上升的同时，淀粉膨胀焦化，逐渐形成泡泡。

（五十八）油糕

西安人常吃的一种面点。以白面、糖、油、水为原料，经过揉搓和烫面后和好面团，包上糖馅，压扁后放油锅中炸熟。西安人一般作为早点，与豆浆或稀饭一起吃。

（五十九）浆水鱼鱼

西安人夏天十分喜爱的一种食品。做法是用土豆粉、玉米面或白面依照做搅团的方法进行加工后，再从漏盆自上而下漏到盆下的凉水容器里。因其漏下的形状像蝌蚪，故名"鱼鱼"。吃时浇上浆水菜汁，再放上红辣椒、炒韭菜，酸辣爽口。

（六十）麻叶儿

西安人春节期间或者过事的时候做的一种面食。用温水和成硬面团，然后擀成薄面片，再将面片叠好切成小片，用剪刀剪成均匀的切口，然后做成菱形或拧成花样，下油锅中炸至金黄即可。

（六十一）枣糕

西安地区的特色小吃。在发面里放入适量食用碱，再用玫瑰水化开红糖，跟小米面、鸡蛋、牛奶一起掺进发面中，搅成稀糊状；将模子放入蒸笼内，把调好的面糊倒入一半，刮平，放上去核的小枣，再倒上剩下的一半面糊，在上面放蜜枣，用旺火蒸熟即成。

（六十二）蜂蜜凉粽子

西安常见的清真食品。主料选用糯米，制法有两种：一种是有馅的，配料是红豆沙，裹上粽叶，形似菱角，即传统的粽子；一种是无馅的，用干净白纱布裹上纯糯米上笼蒸熟，形状为长条形。蜂蜜凉粽子主要是第二种做法的粽子，吃时用丝线或竹刀割成小片，放在碟子里，淋上蜂蜜或玫瑰、桂花糖浆。以前是夏季的时令小吃，现在一年四季都可以做着吃。

（六十三）凉糕

西安地区著名的清真食品，将糯米上笼蒸熟，把米趁热揉成泥状，取一半铺平，放上豆沙馅，再铺上另一半，撒上豆面，芝麻，白糖。吃时用小刀切片，洒上蜂蜜、玫瑰酱。

（六十四）元宵

西安地区的传统小吃，也是年节特有的风味食品，一般是在元宵节吃。西安的元宵不是包的，而是将馅料放在糯米粉中来回滚动，让糯米粉包裹住馅料，吃的时候可以煮、炸、蒸。馅料以白糖、玫瑰、芝麻、豆沙、黄桂、核桃仁、果仁、枣泥等为主。

（六十五）龙须糖

西安地区的著名风味小吃，因其外观洁白绵密、细如龙须而得名。原料为糖胶、砂糖、花生、芝麻、椰丝等。把麦芽糖放在干净的小盆里，再将小盆放入热水锅中慢慢化开，让麦芽糖变软，取出来放在案子上反复揉搓，像和面一样。然后将其搓成细条，粘上淀粉后折叠重复拉扯。拉很多次后，麦牙糖颜色开始变淡。这时再把麦芽糖做成一个圆形，在炒米粉里拉，将糖拉得如同头发丝一般细，然后放上花生酥、芝麻、椰蓉等拌好的馅料，卷包起来即可。

（六十六）冰糖雪梨

西安十分常见的一种时令饮料，清热解渴，冬季最受欢迎。做法是将梨、红枣、枸杞、冰糖、陈皮等加水煮熟。普通人家中一般用小锅，回坊常见的一般是用大锅。

（六十七）枣沫糊

西安著名的风味小吃。将红枣晾干后磨碎，磨得越细越好，加入水、红豆、面粉、白糖等熬成稀糊，色红味甜、滑润可口。

（六十八）八宝稀饭

西安回坊特色食品。所谓八宝，通常指熟糯米、葡萄干、蜜枣、百合、蕨麻、莲子、红枣、核桃仁等。熬的过程是将蜜枣、红枣、核桃仁切成丝和丁，莲子去蒂，在铜锅内加水烧开，放入糯米烧沸，加入淀粉、白糖、红糖和其他辅料，改小火煨煮至熟。盛到碗里后撒上葡萄干、果脯即可食用。

（六十九）玫瑰镜糕

西安地区的著名小吃，因形似圆镜而得名。将大米磨成粉，加入葵花籽和芝麻，放入特制的小木碗里蒸熟。吃的时候用小棍把蒸好的镜糕顶出来，抹上玫瑰酱或其他酱料，是一种非常受欢迎的零食。

（七十）甑糕

西安地区的传统小吃。是以糯米和红枣为原料，辅以芸豆、葡萄干等，用"甑"蒸成的一种甜糕。甑是一种底部有小孔，可放置在锅上蒸食物的古老炊具。蒸甑糕时，将甑放在一个大敞口锅上，锅中添水，再将浸泡好的糯米、红枣铺在甑底。正宗的甑糕蒸的时候对装甑的程序、加水的时间、火候的把握等都有严格的要求。

（七十一）糟肉

又叫"蒸肉""红枣糟肉"，自古便流行于西安地区。"糟"是腌制食物的一种方法，一般用酒或酒糟腌制。用猪五花肉为原料，以醪糟醅和大枣作为配料，先腌后蒸，其成品刀工精细、形态美观、色泽红亮。

（七十二）水磨丝

西安地区传统经典凉菜。将猪耳朵煮熟后用石板或其他重物压平，接着切成纸一样的薄片，再切成线一样的细丝，然后根据个人喜好加调料拌制就可以了。

（七十三）醋粉

西安地区很有地方特色的一道凉菜，又叫"醋糟粉"或"醋淋"。醋糟就是滤醋后剩下的一些粮食残渣，在醋缸中不断沉淀而成。醋粉的做法和凉皮类似，将醋渣加入凉水浸泡，再加入面粉搅拌均匀，调成稠糊状，然后和蒸凉皮一样放入蒸笼蒸制而成，吃时切成厚面条状，加入调料拌匀。

（七十四）冻冻肉

也叫"肉皮冻"，是西安地区常吃的凉菜。冻冻肉分为皮冻和鱼鳞冻两种。将猪皮（或鱼鳞）、葱段、姜块、花椒、大料瓣、小茴香等一起熬成胶状，然后加上盐，稍凉后放点蒜末，冷冻成冻即可。吃时切成条块状，撒上辣椒油、醋、酱油。

（七十五）粉蒸肉

又名"面面肉"，西安传统清真小吃。将净牛羊肉切块，拌五香粉和盐腌渍后加清水、花椒粉和牛油，搅拌均匀，再倒入适量面粉，搅拌至面粉粘附在肉上为止。蒸笼中铺湿布，摊几层搅拌好的米粉肉，旺火蒸熟。可以单独吃，也可以夹馍吃。馍呈荷叶状，当地人称为荷叶饼，相当于将一个圆饼对折，方便夹肉。

（七十六）梆梆肉

西安地区的一种风味小吃。以猪大肠为主料，配以专门的秘方卤制而成。从前小贩都是挑着担子、敲着竹梆子，沿街叫卖，故称作梆梆肉。现在一般都是在葫芦头泡馍店中单卖，吃时切成小段，蘸上蒜、醋、辣椒油调成的汁，配以泡菜，是很好的下酒菜。

（七十七）响皮

西安有道名菜叫"烩三鲜"，其中的主料之一就是响皮。响皮的原料是猪肉皮，做法是先将其加工成干肉皮，然后用油炸（油发）或用盐炒（盐发）的方式制成响皮。由于在油泼或盐发的过程中会发出"啪啪"的响声，所以叫响皮。发过的响皮变得蓬松柔软，会出现许多海绵和蜂窝状的孔，所以又称"蜂窝肉""海绵肉"。响皮和发过的鱼肚从外观上看极为相似，所以又给响皮冠以"鱼肚""皮肚""玻璃肚""赛鱼肚"的美称。

（七十八）葫芦鸡

西安特有的传统名菜，皮酥肉嫩、香烂味醇，被誉为"长安第一味"。葫芦鸡名字的由来有两种说法：一种是"葫芦鸡"，系"囫囵鸡"的音转，即一只整鸡的意思；另一种是因为做出来的鸡形似葫芦而得名。如果这两种说法合起来，就更准确了。葫芦鸡的做法是，选用1千克左右的嫩肥母鸡先煮，煮到半熟然后上笼蒸，蒸时加料酒、酱油、盐、冰糖、桂圆、八角、姜块、葱段和猪肥膘肉，添肉汤淹没鸡身，蒸到烂熟后再炸，炸至鸡身呈金黄色立即捞出，不可炸焦炸碎。吃时可蘸椒盐、辣椒面。

（七十九）八宝肉辣子

西安地区著名风味菜肴，既可当菜又可当臊子。通常主料有辣椒面、咸菜丁、大肉丁，配料一般会就地取材，或因季节的不同，加上黄豆、红萝卜丁、莲菜丁、蒜薹、玉兰片、竹笋等，加酱油、面酱炒成。当地人喜欢夹在热馒头中吃。

（八十）油泼辣子

西安地区的一种特色食品，既可当菜，也可当调料。陕西八大怪中就有"油泼辣子一道菜"的说法。把干辣椒研磨粗细均匀，加适量盐，再把菜籽油烧热（油温的控制非常关键），浇入辣面中，然后迅速将凉的香醋滴入油泼辣子中。凉热相遇，产生泡沫，辣子像睁了眼一般，因此又称"睁眼辣子"。

（八十一）辣子疙瘩

又称为"大肉辣子疙瘩"，既可当菜，也可当饭，是西安的特色小吃。制作辣子疙瘩分"煏肉""捏疙瘩"和"做汤"几道工序。辣子疙瘩中的肉块用鲜猪臀肉、甜面酱、姜末、辣面子和盐、醋等烹制而成。把韭菜或小白菜洗净、剁碎，加上虾仁粒、五香粉、盐、酱油及芝麻油搅拌成馅，把馅料放在面皮上，将面皮的3个角折压在一起就成了疙瘩。

吃辣子疙瘩时，先把烧饼或饦饦馍掰碎，放入碗中，在馍上撒些蒜苗、香菜，加入粉丝。锅内添入肉汤，烧开后，先下疙瘩，再下煏好的辣油肉块、香菇丁、黄花、木耳，煮熟，趁汤沸舀到碗里，加上香油、味精。因为有大量辣子，所以味道很辣、碗中飘红。当地有民谣云："辣子疙瘩出了巷，街头街尾到处香，争先恐后去排座，只怕迟了不见汤。"

（八十二）腊汁肉

西安特色名吃，以猪肋条肉为主料，加上料酒、葱、姜、盐、冰糖、酱油、八角、草果、砂仁、荜茇、桂皮、高良姜、花椒等配料煮成。焖煮时，保持小火，不能翻浪，以保证汤不浑浊、成品完整。腊汁肉既可作凉菜，又可作肉夹馍、腊汁肉揪面片的配料。

（八十三）金边白菜

西安地区的一道传统名菜，所炒白菜的四周有韭菜叶般宽窄的金黄色镶边，而四周之内的白菜又保持了洁白的颜色，故而得名。把白菜叶子去掉，切成骨牌片大小（现在的厨师大多切得比较细），以辣椒和姜末、醋、酱油、盐和糖为辅料大火翻炒而成。清代美食家薛宝辰所著《素食说略》一书说："金边白菜，西安厨人作法最妙，京师厨人所不及也。"

（八十四）狮子头

西安地区传统菜肴。当地人家中红白喜事的时候，这个菜是必上的菜。将六成肥肉和四成瘦肉斩成肉泥，再加上葱、姜、鸡蛋、油、盐、蒜、胡椒粉、料酒、淀粉、生抽、蜂蜜、白糖、鸡精等配料，做成拳头大小的肉丸，可清蒸可红烧。西安地区的狮子头一般有两种，大个的，一碗4个，叫狮子头，也叫四喜丸子；小个的，一碗18个或24个，叫清蒸狮子头。

（八十五）光头炒肉

西安著名家常菜。此菜除少许葱段等调味品，无任何副料，因此叫"光头炒肉"。以猪后臀尖肉为主料，配以淀粉、大葱、姜、盐、黄酒、味精、酱油、菜籽油等炒成。虽取料单一，却香酥可口，最宜下酒佐餐。

（八十六）条子肉

为西安地区城乡的一道家常菜，是招待客人必上的菜，也是"取料单一，滋味纯正"的一个典型。以猪五花肉为主料，配以酱油，再经煮、炸后切成3厘米长、1厘米宽的肉片，上笼屉用旺火蒸，最后再加调料红烧。食时既可当菜，也可用荷叶饼夹着吃。

（八十七）海参包袱底

西安招待客人时高规格的菜，此菜一上桌就决定了宴席的档次。该菜品分清汤海参包袱底和烧海参包袱底两款，前者为夏令风味大菜，后者宜冬季食用。清汤海参包袱底的包袱底用豆腐皮包大肉馅制成。烧海参包袱底的包袱底一样用豆腐皮包大肉馅制成，但须包作拇指粗的卷状，切约4厘米长，过油至呈金黄色。

（八十八）薏米鸡

薏米鸡是西安的传统名菜，也是待客的高规格的菜。以嫩母鸡为主料，薏米仁、姜片、葱段、绍酒、精盐、清汤、味精等为配料。做法是将鸡腿煮熟后剔骨切块，薏米与葱姜炒熟，将熟的鸡块和薏米放入汤盆中，浇上高汤即成。薏米鸡在过去是极珍贵的一道菜，宴席上这道菜是主人身份的一个标志，也是宴席等级的一个标志。

（八十九）烩三鲜

西安传统风味菜肴。在民间非常普及，也是宴席上必上的一道菜，可干烩，也可加汤。将肉丸子、响皮、肥瘦肉、香菇、黄花菜、青菜、木耳、土豆、鸡蛋等，加入盐、八角、小葱、香油、香菜、五香粉、姜、淀粉、猪油等调料翻炒，如果是干烩就少加汤，如果做汤就多加汤。这道菜内容丰富、味道鲜美，很适合普通人家的口味。

（九十）蜜汁葫芦

西安地区特色菜肴，一般为在主菜上完后上的一款甜食。做法是用小麦面粉作主料，以鸡蛋、淀粉、猪板油、蜂蜜、白糖作配料，经过炸制而成。因形状像葫芦，吃时要浇匀蜂蜜，因而得名。

（九十一）五侯鲭

西安地区传统名菜，经典陕菜之一。主料为水发刺参、鱼肚、鱼翅、裙边、鱼皮、鲍鱼、干贝及高级清汤，选料珍贵，汤清味鲜，为宴席中的珍品。

五侯鲭据载为西汉娄护所创制。汉成帝母舅王谭、王根、王立、王商、王逢5位侯爷关系不融洽，娄护为调解矛盾，合王氏五侯家珍膳而烹饪的杂烩，传食于5家之间，后成为一道美味。

鲭就是用鱼和肉及山珍海味烹制的杂烩，是中国大烩菜的始祖，随着时间推移，经过辐射、传播、发展为流行各地的"全家福""烩全家福""烩三鲜""什锦大杂烩"。"五侯鲭"传至沿海地区福建后，演变为"佛跳墙"。

（九十二）温拌腰花

西安传统特色风味凉菜。温拌是陕菜独有技法，方式很多，每种都略有不同。在调味上要一次定准，整个制作过程一气呵成。将猪腰子切成片，与粉丝、木耳、莴笋等入水氽熟。拌上食盐、酱油、醋、胡椒粉、料酒、姜、蒜等佐料。将花椒放入香油中，油烧热后浇在菜上拌匀即成。

（九十三）芥末三丝

西安地区非常普遍的风味凉菜，把胡萝卜、青笋、粉丝或黄瓜、金针菇等切成丝，拌上芥末油和酱、盐、白糖、生抽、白醋、香油等调料，撒上些香菜作为点缀。清爽利口，是下酒好菜。

（九十四）三皮丝

西安地区特色风味凉菜。三皮丝是由唐代韦巨源《烧尾宴》食单中的"羊皮花丝"演变而来的一道长安古菜。此菜以鸡皮、熟猪皮、海蜇皮为主料，调味后拌制而成。

（九十五）烤肉

特色小吃，遍布西安城乡。通常在夜市上卖。烤肉的品种很多，以牛、羊、鱼肉为最多。做法是把肉切成或大或小的块，用铁签或竹签串成肉串，抹上油，撒上盐、孜然、辣椒面，加上自配的烤肉酱料烤制而成，每串若配上肥肉更能做出汁浓、味美的烤肉来。

（九十六）神仙粉

西安地区非常独特的一种小吃。在夏秋两季，当地居民采摘秦岭北麓山区当地人称作"糜糜稍"的树木的叶子，晾干后放到盆里，加入开水，稍凉后用力揉搓，去掉叶柄和杂物，再放进一个干净盘子，冷后即成凝胶状。吃时将凉粉切块后加入蒜、醋、油泼辣子等。神仙粉味苦清肝、清火明目，是纯天然的绿色食品。

（九十七）一日两餐

关中地区的一般平民，尤其是农民，吃饭是每日两餐制。清早男人们到地里耕作，早上九十点左右女人们把饭送到地里，吃完饭继续干活，到下午四五点回家吃第二顿饭。而在西安城镇，人们基本上保持一日三餐的习俗。

（九十八）老碗会

"老碗会"是一种戏称，指关中农村人端着饭碗，聚在村中某个相对固定的场所，一边吃饭，一边"谝闲传"这一起居习惯。

关中农村将大碗叫做"老碗"。关中农民，特别是食量较大的青壮年人，喜欢端老碗吃饭，为的是减少再次盛饭的麻烦。喜欢到"老碗会"上来吃饭的人，端老碗的更多，但也不是凡来者必端老碗。

老碗会的"会址"是自然形成的。一般夏天多在宽敞、通风，树荫比较浓密的凉爽之处；深秋和冬天，则必在避风、向阳的暖处。一个村子往往有几个"会址"，一般说来，十几户至二三十户聚集的区域总有一个"会址"。除了下雨和寒风呼啸的天气外，几乎每天早饭、午饭时，都有不少人到老碗会场来吃饭。

（九十九）有凳子不坐圪蹴下

关中人把蹲叫"圪蹴"；关中人爱蹲，有种说法叫"站着累，坐着窝，圪蹴休息最受活"。蹲的姿势是膝盖弯曲、大腿压在小腿肚子上，这种姿势能消除疲劳、恢复体力。

农村人吃饭、开会、过红白喜事（婚嫁、丧葬）时都喜欢蹲着。关中农村的男人女人都爱端着大老碗蹲在一起吃饭、"闲谝"。关中的村头、老庙、碾盘前后，随处可见蹲成"一顺顺"（一排排）的男女老少。

（一百）酿醋

酿醋在西安不少农家具有千百年传统，商业性的作坊目前已经被现代化的中小企业所取代。西安民间酿造粮食醋的过程大致有扎曲、发醋、拌醋、搭醋（淋醋）等。

第五章　关中地区民居文化

第一节　关中民居的历史演变

衣食住行，是人类生活的基本需要。住作为生活必需之一，它和人们所处的地理环境、社会生产力发展程度、生活中形成的文化观念和传统密切相关。住是什么？通俗地讲，就是我们所说的房子。一般民众所住的房子，我们可以称为民居。关中作为中华文明的发祥地之一，民居文化源远流长。这一地区发现的有距今80万年左右的蓝田猿人和距今20万年左右的大荔猿人，均属于中更新世早期或晚期，是人类起源之一。根据人类学家的推测，可以肯定，他们当时是树居或岩居，这种状况在关中地区应该延续至旧石器时代晚期。到了新石器时期，出现了如临潼姜寨遗址、西安半坡遗址的半地穴式民居。一个氏族择地而居，圆方形地穴、木柱支撑、周围木骨组成、上敷草泥、顶为圆锥形草盖，这一类型的民居只能是人类社会初期的居住形态。后来相当长一段时间都是统治者营城，以夯土为主的城建分布在关中各封地上。随着关中地区农业的不断发展，民居形式也在不断改善，到了距今5000年前，在周公庙前200多米的地方，发现了天井式窑洞院落遗址。据专家证实，该遗址属于龙山文化时期，时间约在夏朝建立前夕。时间推移到距今3100多年前的西周，关中已经出现了中国最早、最完整的四合院民居，其最有代表性的建筑遗址当属今陕西岐山县凤雏村的早周遗址。它是一座相当严整的四合院式建筑，由二进院落组成，中轴线上依次为影壁、大门、前堂、后室，前堂与后堂之间有廊联结，门、堂、室的两侧为通长的厢房将庭院围成封闭空间。院落四周有檐廊环绕，房屋基址下设有排水陶管和卵石叠筑的暗沟以排除院内雨水，屋顶采用瓦（瓦的发明是西周在建筑史上的突出成就）。这组建筑的规模并不大，但却是我国已知最早、最严整的四合院实例。更令人称奇的是，它的平面布局及空间组合与后世2000多年封建社会北方流行的四合院建筑并无不同。这一方面证明了关中文化传统的悠久，另一方面似乎也说明了当时封建主义萌芽已经产生，建筑组合的变化体现着当时生活方式与思想观念的变化。也正是这种变化，才催生了社会整合和礼乐制度的形成，让中华民族有了清晰而细致的行为准则。更值得骄傲的是，从此中国文化一脉相承，民居建筑也不例外。目前关中各地遗存的古民居大多是明清以后的建筑，那么，秦汉到唐宋的民居应该是什么样子，我们只能从一些墓葬或其他建筑石刻砖刻画像和城建历史资料去揣测，但这些大多阐述的是城市建制、城市居住制度文化以及有关宫室建筑状况，很少有关于民居的记载，因此，我们也不能多加揣测，有兴趣的读者可以去看看建筑史方面的材料，以解疑难。在这一时期，关中的合院住宅处于逐渐增多的趋势，也就是我们称谓的"四合院"。明清时期是关中民居建筑的大发展时期，其在礼制规范下形制更加成熟，一般都是由正房、厢房、倒座组成的四合院，且尺度较为宽大。现存的清代到民国期间的古民居中保存比较完整的有韩城党家村、合阳灵泉村、旬邑唐家大院以及散落在关中村社中的民居建筑。这一时期的民居建筑一般比较紧凑、层次较高、进深较长、拼联建造，注重装饰。其气质敦厚质朴，反映了关中特有的地域风貌。

随着新农村建设和城镇化建设速度的加快，一些散落的民居建筑正在迅速消失，一些文化自信和自觉的有识之士挺身而出，自觉承担起了保护民居文化的责任，进行异地保护，收到了良好的效果。其成功范例就是王勇超先生主持兴建的"关中民俗艺术博物院"，该馆将散落在渭北各县的数十座比较完整，但已年久失修的古宅院，按照原形制整体迁移至博物院内，形成了明清一条街，展示了关中古民居的文化内涵和风貌，供研究者和民众研究参观。

纵观关中民居发展历史，旧石器时代以前，基本为巢居和穴居。到了夏代以后，除了像姜寨、半坡遗址半地穴式民居以外，院落遗址在天井式窑洞形制上，逐渐发展为四合舍，再进一步发展为四合院。四合院从夯土筑壁到砖砌墙壁逐渐转换，房顶从草覆逐渐向瓦覆过渡，最终形成以院落为形制特点的四合院，这也成为了关中民居的主要形态。

第二节 关中民居的几种主要形态

一、半地穴式民居——姜寨、半坡形态

1972年至1979年，文物考古工作者在临潼城北1千米处的姜寨遗址上进行了8年共11次大规模的发掘、普探工作。1953年春，西安灞桥火力发电厂施工中发现彩陶，中央考古训练班又在浐河东岸半坡村附近发现一处类似遗址的遗迹。同年9月，中国科学院考古研究所陕西省调查发掘团对半坡遗址进行了较深入的调查。1954年秋至1957年夏，先后进行了5次较大规模的发掘，两地均发掘清理出了大型新石器时期的氏族村落遗址，具有那一时期关中民居的典型性。

姜寨聚落遗存保存较完整，由居住区、陶窑场和墓地组成。居住区周围有天然河道和人工壕沟环绕，中心有大广场。广场周围分布着100余座房子，分为5个建筑群，每个群包括一座大房子与若干中小型房子，均朝向中心广场。居住区内还有窖穴、牲畜圈栏和若干儿童瓮棺葬等。房屋有圆形和方形的，屋内设有炉灶。此聚落是由若干氏族组成的部落居住地，反映出当时氏族社会的组织结构。墓地位于居址东边，共发现墓葬600余座，以单人葬为主，也有合葬墓，墓内有陶器等随葬品。

遗址中出土的彩陶别具风格，陶盆内画有对称的鱼、蛙、人面等像生性花纹，形象逼真。其中有一件鱼鸟纹葫芦瓶，形式新颖、花纹美观，极为罕见。一座墓内出土一套绘画工具，包括石砚、研磨棒与黑色矿物颜料等，对探讨彩陶绘画工艺弥足珍贵。遗址中还有史家、庙底沟和半坡晚期类型的遗存。沿渭河、黄河流域和其他地区发掘的原始部落遗址有上千处，像姜寨遗址这样面积之大、气势之宏伟、结构之合理、功能之齐全，并且再现了两个时期文化特点的遗址确实少有。所以，把骊山誉为"华夏源脉"是名副其实的。从姜寨遗址平面图可以看到，整个遗址布局严谨、有条不紊。西以临河为屏障，东、南、北3面为人工挖修的防护沟，东边围沟与公墓地分开。居住区的中心是4000多平方米的中心广场，广场四边各有一座80平方米的中型房子，门均向广场中心开。每座中型房子附近各有一群小型房子，门也开向广场中心。这4座中型房子均为4个氏族部落的活动场所。

半坡类型聚落的总体布局同样分为居住区、烧陶窑场和墓地3部分。居住区西南以临河为天然屏障，东、南、北3面有人工壕沟环绕，轮廓呈椭圆形，面积约18000、19000平方米。居住区内有中心广场，周围分布着100多座房子，分为5个建筑群。每个建筑群以一座大房子为主体，还包括10几或20几座中小型房屋，门均朝向中心广场。房屋附近分布有储藏东西的地窖群、两座家畜圈栏以及许多儿童瓮棺葬。窑场在村西临河岸边。村东越过壕沟即为墓葬区，南北分布着3片墓地。就整个村落遗迹，特别是由5组建筑群来看，可能居住着由若干氏族组成的一个胞族或一个较小的部落。房基平面多呈方形或圆形，分大、中、小型3种，有地穴、半地穴及地面建筑3类。大型房址只有半坡类型的4座，都是方形，其中半地穴式及地面建筑各两座，面积均达80平方米左右，一般都有门道，门内设一个大型深穴连通灶坑。灶坑两侧至墙边还筑有低平的方形土台。中、小型房子面积一般为20平方米左右。有少数居住面用草泥涂抹并经火烧。房屋中央都有一个灶面或浅穴灶坑。半地穴式民居下部以穴壁为墙，穴壁四周还有若干小柱洞，地面起筑的多以木骨涂草泥为墙。

二、天井式窑洞院落民居

陕西考古工作者在西周王朝的发祥地岐山县，发现了一处距今约5000年的天井式窑洞院落遗址，内有天井、窑洞、火塘等。

有关专家称，这处天井式窑洞居住院落属于龙山时期，设施完善、保存完整，在关中地区尚属首次发现。该院落南北宽4米，东西长不足20米，面积有近80平方米，坐北朝南。院落内的地面上分布着柱洞。正面是两座大小相同的窑洞，窑高两米左右，面积大约有10多平方米。地面用火烧烤过，上面涂抹有白灰。窑洞内壁平整，墙壁上1米高的地方用白灰涂抹得整整齐齐。整个遗址内共发现了1个火塘、4个壁炉式火灶，其中一个火灶位于北边的窑洞内。还有一个存放火种的小地窝，位于东边窑洞的一侧。在庭院一侧发现了制作精美的石器、陶器，石器包括石铲、石凿、石刀，陶器有盘、罐等。

这一民居形式一直延续至今天，只是形制上有所差异，其院落比以前更加方正，四周均有窑洞；功能也更加齐全，有长辈住的正面窑洞、儿女住的侧面窑洞、牲畜圈养的背面窑洞，还有储存杂物的窑洞；火种不用再存，院落中也多了水窖；窑洞内有了火炕，烟囱直通地上。院落中植树，夏有绿荫，上有标识。

三、四合院——典型的关中民居

中国最早的四合院发端于3100多年前的西周早期，其建筑形制和今天基本相同，并在漫漫的历史长河中不断完善并辐射到北方各地，成为关中乃至中国北方民居的典型形制。众所周知，这种民居建筑由于多以土木或砖木结构为主，因此随着时间的推移、建筑材料的更新，保存下来的建筑在关中地域已经寥寥无几。这里简要介绍几处明清以来的遗存，便于大家了解关中典型民居——四合院。

（一）韩城党家村

日本建筑学会农村计划委员会委员长、工学博士青木正夫认为"党家村是东方人类古代传统居住村寨的活化石"。

党家村俗名叫"党圪"，圪是当地方言，指地势下凹。党家村距离韩城东北方向9千米，西距黄河3.5千米，在泌水河谷北侧一处葫芦状的沟谷之中。沟谷北岸三四十米高的上部为平坦广袤的渭北高原，当地人称为塬。走到塬边向下望去，许多人字坡屋顶与无数条笔直横卧着的屋脊井然有秩地展现在你眼前，恰似大地上嵌入了一块硕大化石。

党家村始建于公元1331年，全盛时期有数百院四合院。现有保存完好，建于明清时期，属党、贾两姓的四合院125院，祠堂12座，庙宇、戏楼各两座，还有文星阁、节孝碑、看家楼等一批古建筑。党家村的1400多人都住在古老的四合院中，这种情况全国仅此一村。

四合院也叫四合房。辞典的注解为：一种旧式房子，四面是屋子，中间是院子。按此解，北方不少地方的四合院早有变化。但凡富有些的，在院中常添建一个狭窄的前院，且多带偏院，穿过"垂花门"才进入内院。内院又添建甬道，种上花草树木。

党家村的四合院大多建在一块面积约270平方米的地面上。上首厅房，下首门房，中间相向盖着厢房，中间狭窄的用一块青砖铺地的就是内院。各房的背墙山墙连为一体，构成整个院子的界墙。殷富之家按照形制可以两院三院并排而建，格局相仿。这里的人们有一个观念，如果不符合村中四合院的形制尺寸，那就不是民居，而是府衙和宫殿了。因此，500多年来，村中无逾此制者。

除了建筑形制外，党家村四合院民居的砖、木、石雕刻也精美异常。在这125座院子中，"三雕"随处可见，镶嵌在建筑的不同部位，让人目不暇接。砖雕可见于脊砖、檐下带座的榫头、巷道门道及宅院里外的照壁等处，内容有古朴的福寿字样，有人物、动物、植物，甚或有传说故事和典故式样。木雕多用于门窗、门帘架、门楼、家具等处，除了砖雕表现的内容外，还有戏剧人物故事。石雕主要雕刻在牌坊、柱石、柱础、上马石、旗杆座、拴马桩等建筑构件和功能构件上，这些雕刻一方面表现着主人的治家理念，融注着人们辟邪趋祥人生向往，同时还包含着儒家的"礼制"思想。

党家村四合院的外在形态是清一色的青瓦盖顶，"五脊六兽"。起墙是一砖到顶，各院虽有高低大小之分，却少有形态装饰之异。这种形制是其他地方，尤其是北京民居所不敢采用的，因有"僭越"之嫌（即超越封建社会对不同等级身份者建房的礼制规定）。党家村的四合院，无分富裕、清贫、做官、为民，其形制规格颇一致，无人提及"僭越"之嫌。

更别有韵味的是院门大多开在门房偏右或偏左的一间，或背墙上，少有开在中间的。开在背墙上的门窄小朴素，略作装饰。有钱人家则大多占用一间门房的面积专建个"走马门"，高大、气派。门的上下四周都有"三雕"，各家所雕形式内容有所区别，争奇斗艳之心态也能在此表现一番。还有人将门上阁楼建成官轿模样，进出门必从轿下经过，以示坐了官轿。凡"走马门"旁总有上马石、拴马桩或环等设置。门前若设有旗杆斗子，那必定是官宦人家。门前有双斗旗杆者为进士，单杆者是举人。

门额题字是每户建院时不可或缺之事，也是韩城地方的传统风俗，四五百年来代代延续，至今不绝。刚进院门，先抬头观门额上大字。若写着"进士""世进士""太史第"等内容的，便是宅主人在炫耀自己的政治地位或官爵；写着"忠恕""富德居""和为贵"的，是宅主人对门第不凡、很有道德修养的显示，且有警醒自己、训诫后人之意；还有祝颂幸福、平安吉祥，抑或标榜自己文化修养和情趣追求等内容的，如"居之安""诗礼传家"等。难能可贵的是，这些题字大多由当时当地有书法根底者所书，书法讲究、制作精细，绝无涂鸦敷衍之嫌。

党家村的"门庭家训"，其训词之多、内容之丰、保存之全，无处可比。无论哪个院，这些家训都在正对大门的照墙或厅房两侧的山墙上。如"言有教，动有法，昼有为，宵有得，息有养，瞬有存""富时不俭贫时悔，见时不学用时悔"等训词，促使家人时刻注重自己的行为规范，提醒家人什么该做，什么不该做。直至今天，也能让参观者从中获益。

（二）合阳灵泉村

灵泉村在合阳县黄河西岸塬畔，距合阳县城东约7.5千米。据村中人讲，过去村东南深沟有一眼甘泉，极为灵验，因此得名灵泉村。村西北、东北、东南各有一座土山，分别叫寿山、禄山和福山，一条小路是村里出入的唯一通道。

村庄分城内城外两部分，城内三面环沟，厚实坚固的城墙护卫着村庄，残存的一段城墙据说是康熙年间修建的，瓮城城墙约在光绪年间修筑。城门一共有3座，东西南各一座。除城门外，城墙为黄土夯筑，高约7米，厚半米到4米不等，按照城墙遗址计算，周围约300米。城墙现多已倒塌，但南面瓮城城门及城墙尚保存完好。城内街道以东西为主，一共有两条南北街，4条东西巷道。城内建筑多为清末建筑风格，房屋高大、气宇轩昂。

灵泉村民居大部分为四合院建筑。院落大门外有上马石、拴马桩，上马石四周雕有戏曲人物、吉祥图案。拴马桩造型奇特，是民居的重要组成部分，称为"庄户人家的华表"。这里四合院的一般结构为门房、东西厢房和厅房（也称上房），中间为天井。大门开在东南或中间，门道长短和门房入深基本一致，只是有的人将大门装在临街墙上，有的人将大门装在后檐墙上。门前有石门墩，上雕有精美的植物动物图案，寓意吉祥。门道两侧看墙刻着对联式的家训，文采斐然、文意颇深。迎着大门是照壁，照壁或筑在厢房山墙上，或修筑在离门房几米的庭院中间，照壁有精美细致的砖雕图案和壁龛，也有在照壁下放石狮子的，意在镇宅避邪。天井一般为砖铺地面，留有水道，由门房下通往街道，周边有房檐台，天井约30厘米，房檐台同为砖砌，大户人家在天井中间设有防火用的水槽或盆景，以增添雅意。东西厢房一般为厦房，后高前低，间数根据院落大小而不同，一般为两间。最后为厅房，其开间有3间或5间，一般为3间，根据不同状况，可为一明两暗或两明一暗，也有通间。一般为硬歇山式房顶，有窗有门，其装饰最讲究的是厅房门。厅房门一般为隔扇门，由木条格和裙板组成，木条格糊纸称糊门，糊门有"金榜锁梅"一类的图案，做工精细；裙板上浮雕戏曲故事或"兰桂齐芳""平安富贵"或"山猎图""拜寿图"等吉祥图案。上房供奉祖先牌位，又兼红白喜事待客。两边厦房住人，门房放置杂物。若院子为两进式，中间有腰房，从门房腰房到上房依次升高，取"步步高升"之意。讲究之家会在厅房或上房最边一间开一扇低矮的便门，和后檐墙上的门相对，家人或客人去后院就走便门出恭，以避开先人或神祇灵位。

（三）长安郭家大院与旬邑唐家大院

这两处大院一处在京畿之地，一处在北五县（淳化、彬县、旬邑、永寿、长武），将其放在一起来说是因为两处大院的主人和建设以及现在的结构基本相同。主人都是靠做生意发家，后在朝中捐官，大院花了几十年修建，均为连院四合院，并在连接中进行一定的设置。两家在明清之际均为名门望族，但房屋遗留很少，现在被作为民俗或文化博物馆向外开放。

长安郭家大院已有300年历史，原有院落11组，占地13000多平方米，自东向西一字排开，分别为主人居住、生活、待客祭祀等用房。郭家第一代发家人为郭天云，在坡下建房，郭家第二代郭振重为康熙年间朝议大夫，在坡上建新宅，到乾隆年间基本完工，盖成24院100多间房屋，不仅有住宅，还有学堂、商号、家庙等。早期坡下的房屋已改作家族祠堂，但到中华人民共和国成立初年只保留下11院。传说当年郭家"灶夫十二、长工三十、四匠不出门，人口近百"。郭家大院坐北朝南，为硬山建筑形式，每组院落为两进院，进深50多米，由正房和厦房组成天井院落。东数第二组院落为正院，是郭家的公用房，主要用于祭祀，门房是仓库；前院西厦房为账房，专门接收、登记来人的礼品；东厦房是客房，供客人休息；厅房为祭堂。正院东邻称为东院，其厅房高大宽敞，10把太师椅相对摆放为两排，上手有两把椅子。当地群众传说，在郭家昌盛时期，这里是每年年底郭家10个商号开会总结的地方，经营好的掌柜奖励红灯笼、经营不善者发绿灯笼。郭家大院的木雕、砖雕、石雕虽然也无不精致，但最吸引人的要属郭家的家具了，这些家具式样、用途、大小不一，而且无论是洗脸盆架还是小条凳，全有精美雕花。

郭家大院大门朴实无华，宽不过3米，除了两个普通的石雕门墩外没有其他装饰，看不出"下了王曲坡，土地都姓郭"的气派，中国传统文化中的含蓄在郭家大院得到了体现。郭家大院的大门开在正房门房的东边，迎门是安置在厦房山墙上的土地爷神龛。祭堂12面一排的木扇门，上面分别雕刻有24孝中的孝感动天、亲尝汤药、啮指痛心、百里负米、卧冰求鲤、戏彩娱亲、刻木事亲、埋儿奉母、乳姑不怠、稍豁温衾、闻雷泣墓、涤亲溺器共12幅图，构图缜密、玲珑剔透，每一幅都讲述了一个生动的故事，住在院内的子孙、媳妇天天都要接受忠孝熏陶。与之相对的4扇库房门上各有图案，自右至左除第3扇为"有"字外，其他3扇图案中分别有戟、磬、鱼，连起来读的谐音表示主人期望家族"吉庆有余"的美好祝愿。东院厅房门口有副对联"念毕生克俭克勤艰苦备尝年逾八旬犹弗懈；训后辈唯耕唯读教施无尽人近百口悉被恩"，充分表现出主人简朴生活、严于律己、耕读不辍、宽厚待人的家风。

旬邑唐家主要由第四代唐景忠发家，据传时值清乾嘉盛世，国内基本安定，这给唐氏发家创造了一个好的环境。唐景忠以农为本、以商兴家，商号遍及陕西、甘肃、四川、安徽、江苏、福建、辽宁、浙江等13省50多个县，商业街坊达90余所，人称为"汇兑中国13省、包捐知府道台衔；马走外省不吃人家草，人行四川不歇人家店"。唐景忠于清乾隆六十年（1795年）曾被报为百万富翁，赴京参加皇帝举行的"千叟宴"，并被恩赐为七品官。唐家从此有了官衔，就上通帝王、下结官吏，商利盘剥，加之经营有法，故而生意兴隆。在清嘉庆年间，全家不过60口人，就雇有仆人、丫鬟165人，还备有鹦歌轿（相当于现在的红旗轿车）66辆，真是"出门不离车马轿，全堂执事开道锣"。旬邑唐家大院从清道光五年（1825年）开始在这里建房，到同治七年（1868年）完工，历时43年，共建成宫殿式庭院87院约2700余间。所有建筑全部是木、石、砖结构，充分体现了北方四合院建筑和苏杭园林艺术相结合的独特风格，这与长安郭家大院砖包土坯以及朴实风格有着一定的差异。

20世纪20、30年代，唐家逐步破落衰败，到1992年仅幸存下来两进毗连的三院和其他两院共5院，其中包括150余间次等房舍、一座陵墓、一批珍贵文物。1988年，唐家大院更名为"旬邑县唐家民俗博物馆"。现在游客看到的"唐家大院"，仅是其全部房舍的冰山一角，但它依然反映着唐家的辉煌和大院的恢宏。这座两进三院毗连的房舍，其中两院各分前厅房、中厅房、后厅房3座房。前后两座均系两层，中厅房为1层，是两对檐厢房，门窗全系精雕细刻的各种图样。整个建筑浑然一体、气宇轩昂，堪称艺术佳作。唐家大院的建筑艺术风格和艺术特色可概括为"四精"，分别为精致的木雕、精工的石雕、精细的砖磨和精粹的家什。整个庭院，屋顶脊卧兽飞、檐牙勾啄、钩心斗角。墙壁为水磨石砖，镶以木、砖、石雕，造型优美、巧夺天工，门栏窗棂玲珑剔透，各种各样的摆设家具多用楠木和退光漆制作而成，历经100多年仍透明发亮。

（四）关中民俗艺术博物院明清一条街

我国改革开放以来，随着商品经济市场经济地位的确立，农耕文明在这股大潮的不断冲击下，已渐次退出人们的生活场域。加之城镇化进程越来越快、国家生态保护不断强化，关中民居形态由原来的土木结构快速向砖混结构转变，但农村早期散落的许多四合院建筑依然颓败。为了保护这些传统民居，以及给后人留下中国农耕文明之民居以及其中包含的中国传统文化，王勇超先生毅然决然地担起了这一重任，不遗余力地花费了近30年的时间，在秦岭北麓南五台山下建了关中民俗艺术博物院，将渭北高原散落颓败的具有代表性的明清民居进行异地复原保护，在院内建起了明清关中民居一条街，总计约20院明、清老宅院落，堪为中国农耕文化尤其是明清时期关中民居抢救与保护的典范。这里只向大家简单介绍几座宅院，以了解关中民俗艺术博物院对传统民居建筑异地保护的概貌。

（五）阎敬铭宅院

阎敬铭（1817~1892），清代陕西朝邑人（今陕西大荔），1882年任户部尚书，

1884年授东阁大学士。他为官40余年，清正廉洁、刚正不阿，以善理财著称于世，被称为"救时宰相"。

关中民俗艺术博物院阎敬铭宅院原址位于陕西朝邑，始建于清咸丰年间，为两进两院式，分前房、东西偏院、二进门楼、东西厢房、上房。整个院落布局对称、宽敞宏伟，院内石雕、砖雕、木雕内容丰富，颇具气象。该宅院于20世纪50年代末因修三门峡水库被拆。1997年关中民俗艺术博物院经多方查考，从其后人手中征购保存下来了房屋构件及砖雕、石雕、木雕，至2004年依其族人提供的原貌照片和原址测量数据及构件实际尺度在该院复建。

阎家宅院左偏门外西侧的寿山图为突兀耸立造型奇特的山石，呈灵芝状，图中线条明快、峰回路转、变化无穷，寓意寿比南山、长生不老。阎宅左偏门对联："知事忍事勿多事，存心动心莫欺心"。院内右侧墙体砖雕有"渔樵归来图"，图分为3部分，上层为长方形，边框饰有斜着串联的"卍"字纹和博古等纹饰；中间为条框，内饰杂宝与夔龙纹；下层为圭台，饰有瑞兽纹。图中左右两侧为突兀耸立的山石，下方有一老者行走在山间小道上，头戴蓑笠、肩扛鱼竿、背驮渔网。左侧山石顶上有个童子，背一捆柴。右侧山石间生出一棵葡萄，藤枝粗壮互相缠绕而上，果叶丰茂，引来4只松鼠。葡萄寓意"多子"，渔夫捕鱼与樵夫打柴归来，既有丰收的象征，又隐含人生努力与回报之关系。院内左侧墙体砖雕"莲生贵子图"，同样由3部分组成，上部为长方形，边框一周串联的"卍"字纹；中部为条框，周边饰莲纹，内饰杂宝纹；下部为圭台。主画面雕刻着波浪翻滚的水面，水中生长数朵莲花，莲台相继盛开，其中一朵莲花上站立着一个童子，童子左手持长枪，右臂直挥，左腿直立于莲花上，右腿弯曲抬起，寄托着主人对家族子孙的期望，即子孙如莲子一样多而高贵。院内门楼两侧砖雕"福、寿"两字，院内砖雕华岳仙掌、骊山晚照、灞柳风雪、草堂烟雾、雁塔晨钟、曲江流饮、太白积雪、咸阳古渡"关中八景图"。还有"一路清廉图"：画面雕有1只鹭鸶和几支莲花，以谐音取其义一路清廉，反映了宅主人清明、廉洁的高尚品质。另有"三阳开泰""鹿鹤祝寿图"等。

阎宅为二进院，上房为7间大殿，主殿门楣上雕有龙凤呈祥、金蝠献瑞等吉祥图案，雕梁画栋，图案与镂空木雕的映衬虚实结合，体现出关中民居的大气磅礴，砖、木、石"三雕"精美绝伦、从容雅致。大殿两侧的马头墙又称"封火墙"，主要功能为防火防盗，墙体砖雕细致精美，体现了宅主人身份和地位。

（六）孙丕扬宅院

孙丕扬（1531～1614），陕西富平人，明代"三朝元老"。曾任大理丞、吏部尚书等职，一生任职时间长达五六十年，直到81岁拜疏归家。于万历四十二年（1614年）病逝，享年83岁。孙丕扬在为官期间刚正不阿、不徇私情，明史记载：万历二十二年（1594年），孙丕扬官拜吏部尚书。任职期间，朝中百官不敢私自请托他办事。

第五章 关中地区民居文化

为杜绝太监破例请托，他创制"掣签法"。签以竹为之，大选（凡听选及考定升降者归之双月，谓之"大选"）、急选（凡教授、改制、丁忧、候补、归之单月，谓之"急选"）是在选官者资历相当的情况下，悉听其人当堂抽签选择，如此便谁也不能随意托关系走后门了。一时选人盛称无私，是为当时官吏考选制度的一大改进，深为后人赞颂。赠太保，后又追谥恭介。其宅院原址位于陕西富平，始建于明隆庆后期，为两进两院式。有前房，西侧有偏院门房两间，二道门内西侧有厢房，东侧有千年古槐1株，边立孙丕扬所撰家族碑两块。正面有上房5间，西侧有后偏院及北房。饰之以石、砖、木雕，整个宅院格局独特、宽敞雄伟。于2003年4月至2004年底迁入复建。

孙宅门口有上马石供人上下马，与拴马桩相配，置于大门两侧。上马上有石浮雕云纹图案，拴马桩上雕有狮子和猴子等具有象征意义之瑞兽，与大门和影壁相辉映，既显示主人的身份地位，又发挥其镇宅辟邪的功能。

孙宅大门楹联："良田有种图堪味，书德是福心无尘"。院内二进门楼上方镶嵌"大明万历二十八年三朝元老"石匾，叙述着孙丕扬一生为官，辅佐了嘉靖（世宗朱厚熜）、隆庆（穆宗朱载垕）和万历（神宗朱翊钧）3代皇帝的历史事实。

院内左侧砖雕"五子夺冠图"典故，讲述了五代后周人窦禹钧教子有方，5个儿子先后考中进士，留下"五子同科"或"五子登科"的佳话，民间绘画常用五子戏夺冠帽暗喻科考高中、仕途顺利。院内右侧拱形门上方砖雕文字"千祥"，寓意八方来福、富贵无边。院内左侧拱形门上方砖雕文字"诚致"即真诚的表达，寓意真心实意。

二进门有两副对联："勤俭传家积乃祖绪，诗书启后贻厥孙谋""积金积粟积阴德传家至计，勤商勤农勤诗书教子良图"。彪炳着家族传统与精神，既教育家人子女，又作为家人之处世准则、治家格言，其凝练中肯对今人来讲依旧具有深刻的借鉴意义。

二进院内迎面石雕影壁"福禄寿喜图"，有蝙蝠、梅花、竹子、鹿、海水等图案，文化内涵极为丰富，深深寄予着主人祈愿五福临门、喜上眉梢、竹报平安、加官进禄、福寿延年的理想。

二进门内右侧唐代国槐1棵，直径1.7米，从宅院原址移植而来，据当地县志记载，这是唐末的一棵槐树，距今已经有上千年的树龄了，是博物院抢救保护的古树名木中树龄最高的一棵。院内有两座石碑，均为万历二十八年（1600年）孙丕扬家族石碑，是其后辈捐立在博物院的。

院内中央是金代"承安年石缸"，沙石质地，民间用作消防缸，也称太平缸。古代砖木结构的民居院落均有此类石缸，而皇家园林使用的是铸铜鎏金大缸。

二进门内左右两侧分别砖雕"功名万代图"和"多子多侯图"，两幅图案均有葡萄，前一幅上雕有公鸡打鸣，后一幅上有猴子众像，以谐音印证着图案寓意。

（七）孙福堂宅院

孙福堂（1883~1957年），又名孙培茂，字植斋，生于光绪九年（1883年），陕西澄城县罗家洼人。他早年从商，1938年到西安、泾阳经营"福茂协银号"，并运销制作茶叶、水烟等。

他为家乡修桥铺路、资助教育，善名颇丰。宅院由其祖上始建于清乾隆年间，其后几百年曾翻修、扩建过。该宅院充分反映了渭北之农耕商贾富裕之家的面貌，文化色彩颇浓，院落为两进院式，分正院和东西偏院。正院及两偏院门房为二层一体，院内有腰房5间，上房为两层，上下各9间，院东侧有窑洞6孔，是渭北澄城地区较为典型的前房后窑式院落。该宅院年久失修，面临拆旧建新，于2006至2008年迁建入院。

门房右侧兵器展厅陈列的有古代刀、枪、剑、戟、斧、钺、钩、叉等兵器，以及各种长兵器、短兵器，还有近代兵器，如火枪、盒子枪、炮弹壳等作战工具。

孙宅门房左侧为各种度量衡展厅。度量衡的发展大约始于父系氏族社会末期，当时将计量长短的器具称为度，测定计算容积的器皿称为量，测量物体轻重的工具称为衡。博物院目前所展出的是自汉唐以来历代所使用的度量衡器具，有大杆子秤、各式各样的枰砣、各类方斗与升子以及用来称量贵重药材及金银的象牙或乌木制作的戥子。

孙宅后院左侧有窑洞两间，窑面砖雕细腻精致，对联"几百年人家无非积善，第一等事业还是读书"寓意深刻。

孙宅上房为上下两层的九开间大殿，石、木、砖"三雕"相互映衬、气势磅礴。后院右侧墙体有汉代画像石展廊，右侧立一石碑，是"东北王"张作霖所书的"光绪二十三年重修天地庙孔圣庙三官庙碑记"石碑。

（八）崔家槐院

崔家槐院，宅院主人崔疙瘩，生卒年月不详，陕西澄城县人。清咸丰年间经营烟酒糖茶生意，到光绪年间，其曾孙崔彦彦生意越做越大，花银捐府台四品虚衔。宅院由六院扩建成十二院，其后家道渐衰，仅剩三院。宅院为三进三院式，有前房、东西厦房、腰房、上房。宅院狭长幽深，房屋高低错落有致，是关中地区古民居的典型代表。原址在陕西澄城县城北，2003年6月因城区改造即将拆除时，被抢救性拆迁入库保藏，2005年在关中民俗博物院复建。

院门入口右侧砖雕"梅花双鹿图"，左侧砖雕"松鹤延年图"。院内二进门楼石匾刻着"光裕"，映衬出主人内心增光前代、造福后人的期望。二进院内东西厦房之间有天井，厦房为陕西典型的"房子半边盖"，下雨天雨水会顺着屋檐流向院内天井，由排水道流入后院水窖，经沉淀后作为生活用水使用，这就是民间所说的"肥水不流外人田"。腰房为"客厅",腰房两侧墙上为博物院抢救保护古民居之前所拍的照片,是古民居原风貌的历史资料,也是保护古民居的见证。上房为家族的最高长辈居住的地方,贵客经允许之后方可进入,普通客人不可入此房内,这也是礼制的一种体现。

(九) 耿家宅院

宅主人耿元耀,生卒年月不详,陕西澄城人,光绪二十三年(1897年)武举。宅院为四合围院式,有上下两层前房、影壁、东西厢房和窑洞式上房,是关中渭北地区常见的前房后窑式格局。建筑规模宏大,风格独特。

窑洞前方筑有宽敞轩廊,廊亭间架结构考究,石雕、砖雕、木雕精彩纷呈。尤其廊亭正上方悬挂的木匾"朝元山房",系明代大书法家董其昌作品,使宅院愈加生辉。1999年该宅院面临拆旧新建,关中民俗艺术博物院及时拆卸入库保藏,于2003年10月复建。耿元耀有3子,长子耿直,陆军中将,是辛亥革命的先驱也是陕西民国史上有影响的风云人物;次子耿庄,国民联军少将,中华人民共和国成立后任陕西省文史馆馆员;幼子耿虚,早逝。耿宅大门有对联:"一日康强蒙神佑,四序平安赖圣扶"。意思是说每一天之所以健康强壮,是承蒙神灵的保佑;四季之所以平安,是依赖圣人的扶持。

大门两侧各有砖雕"狮子戏绣球图",图中狮子双耳斜耷、大眼突目,颈戴项圈,下挂响铃。身旁系一绣球,行走于山石之间,气势凶猛。此图在民间有镇宅保平安之功用。进入大门映入眼帘的是呈"品"字形的砖雕照壁,上雕"麒麟望日图",麒麟是人们心目中的祥瑞神兽,它威而不害,不践生灵、不折草木。沐浴在光辉之中,形象愈显威猛,时刻保护着宅院安宁,充分体现了主人盼望安宁平静生活的意愿。照壁两侧雕有花中"四君子":梅、兰、竹、菊,显现着主人的高雅品质。耿宅为一进院式,院内有东西厢房,其上的彩绘木雕,讲述着长坂坡、煮酒论英雄、三英战吕布的故事,形象生动逼真,映衬出宅主人的尚武情结。

宅院上房是很有西北特色的砖箍窑洞,窑洞前有长廊,窑洞和长廊结合是耿宅的一大特色。窑面上方砖雕一组"八仙过海图",自西向东依次为:曹国舅、蓝采和、何仙姑、汉钟离、铁拐李、韩湘子、张果老、吕洞宾。民间相传"八仙过海,各显神通",宅主人希望自己的子孙能够像八仙一样各显其能、齐心协力,共同建设美好家园。

关中民俗艺术博物院还异地保存、复建着许多四合院民居建筑,如樊家宅院、雷家宅院等,由于和上面介绍的院落大同小异,且现在以作为博物院收藏之历代铁钟、佛像、书画、民俗器物、木板年画以及类别众多关中民间生活用品和汉画像石展厅,其功能已发生了根本性变化,这里不再赘述,若读者有兴趣,可以亲临博物院,一睹为快。

第三节　关中四合院民居的文化内涵

关中是中华文明的发祥地之一，无论礼制和儒学，均与关中有着深厚的渊源。先祖们仰观天俯察地，总结、归纳出了人和自然、人和人之间关系的原则，直到今天，许多思想和原则仍然为我们所用。关中民居发展到四合院形制后，这些思想和原则也深深地渗透在里面，这里我们就简要予以说明。

一、关中四合院体现着"天人合一"的思想

"天人合一"是先辈们处理人与自然关系的准则，是农耕文明智慧的结晶。所谓"背有靠山，前有案山；依山面川，负阴抱阳；有利生产，方便生活"，房址要选择高处、背风、向阳的地方，就是利用自然，以保证人的身心健康。民居建造中的就地取土打垒、就地箍窑烧砖，尤其是木材在民居建筑中的广泛运用，体现了关中的生态状况，再加之秦岭过去植被繁茂，因此木材就成为了人们建筑的主要材料。土木或砖木结构的房子，不但体现着关中人对平和、平易、含蓄而深沉的审美追求，而且木材榫卯结构的房屋有着"墙倒屋不塌"的抗震效果，不仅张扬了木材的特性，而且维系了中国"天人合一"的观念。优美的内部空间、因地制宜的院落形制、明确的等级观念、合中有变的外部环境，无一不是人与天与心与性和人道的统一和谐。这里只就阳光和风这两种自然要素予以说明。风作为自然的要素之一，人的生存既离不开，又不能太过，关中冬天为西北风，夏天多为下山风，如果大门、二门、厅房门为一直线，那风就会毫无阻挡地穿堂而过，且会鼓燥家室、带走水分和温度，居住之人会感到不适，长此以往，肯定会对人体造成伤害。为了利用风的自然属性予以避害，所以关中四合院民居的大门一般不在正中，若门在正中，则必须在大门内设置影壁或照壁，体现了它的密闭性，这就是利用自然的典范。细细思量，关中民众这样建房，是将自身置于自然之中，尽量做到与自然的和谐统一。世间生物离不开阳光，人更离不开阳光，关中四合院民居一般比较狭长，坐北向南，房顶单坡面，冬天阳光斜照时，可以通过坡面照射之厢房，门房、厅房在八九点钟时就可以照射得到；夏天太阳直射时，太阳光线可长时间照射在天井，不会进入房间。因此，造就了其冬暖夏凉的氛围。这种设计是人们长期体验和总结的结果，也是人们观察天地得出的结论，正因如此，我们说关中民居体现着"天人合一的"思想。当然，关中四合院民居的狭长和密闭，还有着文化观念和用地的影响，比如家事不可外扬、人口稠密造成的地价昂贵等，但主要还是对自然利用的影响，也就是"天人合一"传统思想的影响，"风水"就是这种传统思想的体现。

二、有着极强的礼制观念和教育功能

关中四合院民居体现着明确的礼制观念，比如上房或厅房一般居住长辈，如果不居住长辈，那就作为祭祀祖先和神祇的场所。在厢房分配上，也是按照男左女右的标准。门房一般作为佣人的住处或仓储。这种功能的划分，不但体现了家庭权威和秩序，同时也有男尊女卑的分别，这完全是礼制的体现，等级分明、男女有别。其教育功能体现在门楣题字上，比如上文提到的崔家槐院二进门上"光裕"二字、党家村四合院门楣上的"耕读第"等，时刻提醒着家中儿孙子女，不但要光前，还要裕后；不但要勤耕，还要读书。然而教育功能也更多地体现在房屋的装饰上，比如雕梁画栋有故事、砖雕石雕有意义、门楹对联有内涵。生活在这样的环境中，耳濡目染，有利于形成良好的家风。

第四节 关中民居新型制——砖混结构的楼房

一、砖混结构的楼房形成的原因简述

一提到民居，人们自然会想到那些有着较高审美意味的传统民居，而往往会忽略当代民居。当代民居无论建筑型制如何，都是一种关中民众的生活空间，因此有必要对其进行简略的梳理和介绍。

随着改革开放以来，尤其是进入21世纪以后，我国在经济上已确立了强国地位。城镇化进程明显加快，新农村建设日新月异，在大中城市，房地产行业发展迅速、城中村改造不断加快、民居住宅高楼林立、城市面积不断扩大。这种状况也带动和更新着农村住建，纷纷仿照城镇建设规范，改造着农村传统的民居建筑格局。加之国家大规模生态恢复和保护、禁止滥砍滥伐的规定，造成木材在民居建筑材料中的比例日渐减少，甚至退至辅助的地位。一霎间，在关中农村传统"有钱就盖房"观念的催生下，民居建设大变样，土木结构和砖木结构的房屋成为零星遗存，一街一村几乎全部为砖混结构的平房或楼房，条件好的村庄甚至修建别墅，令其他村庄艳羡。发生这种变化有以下两点原因。

一是商品经济模式和人事制度变更，促进了城镇和农村经济的快速发展，大幅度提高了城镇居民和农村人口的收入，给传统民居向当代民居的变化提供了强有力的资金保障。商品经济模式造成了人人可以在制度规范内自主经营，改变了计划经济下人们只能靠工资和土地微薄的收入养家糊口的现状，促进了生产的快速发展。人们除了工作以外，还可以从事第二职业甚或第三职业；在农村，新的经济模式催生了多种经营方式，经济作物的种植面积不断扩大，再加之国家人事制度改革，打破"铁饭碗"，导致农村劳动力不断向城市转移，农民工大军不断扩大，农村的经济得到很大程度的改变，城镇和农村人均收入不断提升。这样，就有条件实现人们居住条件改善的要求，这种要求更加促进了城镇房地产业和农村住宅建设的步伐。因此这些年来，城镇和农村民居发生了翻天覆地的变化。

二是建筑材料的更新，促使传统民居向当代民居的转变。传统民居建筑均为就地取材，土和砖瓦都是当地所有，木材也有家园种树和山林伐木予以充足的供给。然而，随着改革开放以来经济上大发展，以及土地实行责任承包制，取土建筑已成为一个现实问题，加之国家恢复和保护生态环境、禁止滥砍滥伐，木材一时间也难以就地解决，人们不得不另寻出路。这时私有砖窑和国家集体水泥生产就成为了人们新的建筑材料，辅以钢材之筋，解决了人们对房屋主体建筑的需要，一时之间，这种砖混结构的平房楼房如雨后春笋，遍地生成，改变了民居建筑的模式。农村连木匠这一职业都快退出历史舞台，应运而生的是人人学习泥水匠，成立现代建筑队。适时而来的国家新农村建设和老城区改造，更迅速地改变了民居形态。

二、新型民居形态特征

这里只以现代城中村和农村民居进行论述，房地产开发商所修筑的楼房小区，其居住者不论是什么职业，均是被住者，而不是民间自发行为，因此不加论述。那么，新型民居形态有哪些改变、其特征有哪些方面呢？总括起来，应该有以下5方面的特征。

（一）外形多呈长方形

我们可以看看当今城中村和农村的民居建筑，由于宅基地的规划和用地限制，若按照平房进行考证，大部分为长方形建筑，只是经济条件和外部环境造成层次的多寡不同。原定的设置有坡面屋顶，但多数呈现的是平顶，这是建筑材料改变带来的改变。

（二）大门由窄小变得宽大

无论城中村或农村民居建筑，大门都一改过去窄小之传统，变得宽大，这是为了适应今天生产力的发展。不管农村和城中村，机动车辆的普遍拥有，使得窄小的大门已不能方便车辆的进出；另外，大门已改去不在正中的习惯，修建在院子的正中，无论有无门房，一般均如此设置。

（三）内部空间有了巨大变化

现代民居建筑由建筑围城的四合院向围墙包裹着建筑的形态转变，建筑比较紧凑。虽然坐北向南的格局没有大的改观，但原来祭祀或长辈居住的空间功能已经弱化、礼制秩序已被打破，取而代之是将客厅作为家庭会客、起居交流和节日祭祀的场所。正房分割院落，出现了前院和后院之别，有的有门房，有的没有门房。原来的单坡厦房，有的沦为小平房，有的保留厦房的形制，但功能已经改变，只作为厨房和仓储使用。其开间较宽，入深增加。

（四）建筑的同一性加剧

首先是宅基地的划拨由政府规定，其面积基本一致，包括城市中的城中村和房地产开发的楼房也是一样，地方的同一和设计的统一造成了建筑的同一性。其次是建筑材料和形制的同一性，因为合理性和材料性质规范着建筑，不可能出现大的变化，有变化也是细微的差别。

（五）装饰性变化

传统民居装饰以木雕、砖雕、石雕等精细的图案予以装饰，当代民居建筑装饰多采用烧制的瓷砖进行装饰，包括门楣的图案和文字，以及家中厨房、卫生间、地面、外墙等。有些木雕装饰也是比较零星，其图案和纹饰也非手工制作；多为机械化生产而为，显得有些呆板，也不很精致，其审美效果不如传统雕刻。

总之，当代关中民居和传统民居有着很大差异，在此简要总结如上，作抛砖待玉之浅论。民居是民众生活的历史，也是生产力发展的历史，更隐含着民众的智慧和深刻的文化内涵。观民居而知历史、观民居知文化、观民居增强智慧，所以，让我们关注民居、保护传统民居，建设更利于人们生产生活的现代民居。

第六章 关中地区民俗文化

第一节 关中婚育文化

　　陕西关中地区的婚俗根据地方民风民俗的差异有所不同，从婚俗中所折射出来的民俗文化也多种多样。关中婚俗是过去男女成婚全赖父母之命、媒妁之言，且"娃娃亲"特别盛行。父母在孩子长到十二三岁时，就托媒人给孩子订了婚（当地男娃叫"占媳妇"、女娃叫"寻主儿"），娃娃亲一旦订妥，双方就不能随便反悔。

　　现在随着社会的发展，"娃娃亲"愈来愈少。孩子长大后自由恋爱，只不过有时还要有个中间人"介绍"一下。订婚之后，双方商定一个"吉日"准备结婚，男方修整布置新房、女方准备嫁妆。

　　过去结婚仪式繁琐。迎娶时，男方去7人（6男1女），拉着箱子，提着篮子，内装猪肉5斤、公鸡1只、酒1瓶、红帖1张，到女家后送上红帖，女方以酒席招待。新娘多由平辈兄长背到花车上，鞋不着地、脚不沾土，上路后撒"路帖"（用红帖纸剪成碎片边走边散以之引路），女方家有送女客人，一般视亲戚人数多少而定，大多数在40到50人。花车到达男家时，先放炮仗，后放鞭炮，再端一碗醋绕花车浇洒一圈，意为避邪。

　　此时新郎出门迎车。新娘下车后由执事人散麦草节于新娘盖头布上，一边撒口中一边念："一撒草二撒草，三撒媳妇下了轿，一撒金，二撒银，三撒媳妇进了门"。新娘下花车后踩着芦席，由男方嫂子陪送到洞房，然后男方开早饭，请亲戚朋友吃臊子面。中午时分，几声炮响之后，新媳妇在嫂子陪送下行至堂前，行拜堂礼。一般一拜天地，二拜父母，三拜夫妻，四拜亲戚朋友。拜完堂即开午饭，以酒菜为主。饭后新郎新娘进入洞房，由一位能说会道的中年妇女铺床，边铺边说："铺床铺床，儿孙满堂，先生贵子，后生女郎；福贵双全，永远吉祥。"结婚3天后，新娘要回娘家，称为回门。

　　在关中，婚俗文化的基本程序都是如此，但其中也有一些很独特的风俗。以乾县婚俗中的"配房"——烟布袋儿为例。烟布袋儿，就是经常抽旱烟的乡党们在近66厘米长的烟杆上挂的装烟末子的袋子（历史文献无考）。它常为黑色，这烟布袋儿在乾县可不是随意做的，这里面的文化内涵极为丰富，千百年来影响着一代又一代的关中儿女。首先,它是乾县青年男女结婚时的"配房",这点可不能马虎。烟布袋儿是由女方家"配"的,女方嫁到男方家后,首要的问题就是"表现"出对男方父母的孝顺,这也是陕西关中民间婚俗程序中一个重要的组成部分。所以在乾县,新婚后第二天一大早,新媳妇就会到公公婆婆房中倒茶端水,同时也要带去自己亲手为公公婆婆做的见面礼。其中,带给公公的礼物就是烟布袋儿。虽然从表面看只是带给公公的一个礼物,但其中折射出的是中华民族的优良美德——孝敬父母。在陕西的农村,孝敬父母最直接的表现就是"点烟、倒茶"。这与烟有关系,同时,在当地,烟与男性有关,是千百年来的历史连带。"烟就是男人,男人就是烟",直到现在还是如此。新媳妇送给公公烟布袋儿也代表着公公在这个家庭中的权威和地位。其次,烟布袋儿是由儿媳妇亲手为公公做的。虽然这是个说法,但不管怎样,这个烟布袋儿公公挂在自己的烟杆子上在村子里"炫耀"的时候,也反映出另一种信息。"哎呀,看把你飘的,你家的媳妇真有本事""哎,你老汉有福,取了这么能行的媳妇"……于是新媳妇在全村人不熟悉的情况下,使乡亲对她有了一个粗浅地了解,增强了这个"新人"在村中的影响。至于影响的大小,就要看烟布袋儿的制作的工艺了,主要是看袋子上的刺绣手艺。一般都采用扎绣,多以牡丹、荷花等图案象征富贵。袋子的两个角绣有蜘蛛、蝴蝶或一些昆虫以辟邪。无论构图、布局,都可以表现出这个媳妇的心灵手巧。

以下按顺序介绍关中婚育文化习俗。

(一)婚动咧

关中民间把开始给某人提亲叫"婚动咧"。当地基本上没有专门的说媒者,但常有热心人为男女青年穿针引线。在为儿女提亲后,父母会前往打听对方人品、长相、身体等情况,朴素的农家人以其家长是"过日子人"(本分庄稼人)为理想条件。此外,还有所谓的"宁教男大十(岁),不教女大一(岁)"的讲究。

(二)合八字

合八字又叫"拿八字"或"发八字",当有人向某男青年说媒且男家对所提说的姑娘基本满意时,迷信的家庭都会请阴阳先生"合八字"来定夺。方法是请媒人要来姑娘生辰八字写在红纸上,把这张红纸压到灶爷香炉下或祖宗神龛上。若3天里男家一切平安,就认为这门亲事有成功的可能,于是再和媒人商量下一步的事情。

(三)看媳妇

指男青年到女家去见面。20世纪90年代前,大多是媒人领着男青年提上"四重礼"(4样礼物,一般都是副食)到女家去,女青年一般端着一壶茶水让男青年喝,若双方同意,即互赠礼品。

（四）套亲

指订婚仪式。关中地区订婚的叫法差别很大，有把订婚或订婚仪式叫"套亲"（即两家从此结为姻亲）的，有叫"过礼"（把彩礼由男家拿到女家）、"封礼"（彩礼都要用红纸封起来）的，还有叫"照书"（"书"指庚帖）的。

（五）吃送亲酒

当女方嫁到男方家时，娘家人都要选派一定数量的人随轿送新娘到男家，这一过程叫"送亲"。送亲的人中必须包括女方的兄弟姐妹、亲朋好友，而且男女人数必须对等。送亲的人到了男家后或伴新娘在房中静坐，或随便走走，但不能和新娘讲话。在婚宴上，送亲者都坐主桌，其中新娘的兄弟必须在主桌正座上座。婚宴开始后，送亲者也是被"逗乐子"的主要对象。在迎娶时如男方吃过女方的"亏"，这时就要对送亲者来一番"报复"，以此逗乐。送亲人吃罢喜宴后先到新房与新娘告别，然后向男方的公婆长辈告别后就可以回家了。

（六）吃会亲酒

吃会亲酒是指新娘的长辈，如父母、祖父母、叔伯、姑婶、外祖父母、舅父母、姨夫母等，在结婚后的第二天到男方家中赴宴。在酒宴上，新娘的父母要为新郎一一介绍新娘的长辈及称呼，新郎一边叫新娘的长辈，一边向这些长辈敬酒。这时，新娘的长辈都要拿出"见面钱"（事先准备好的红包）给新郎。吃罢会亲酒回家前，新郎家也有一份"草纸包"（红包）给新娘家的长辈。从此双方就算熟悉了，以便日后互相来往。

（七）四样礼

关中婚俗中的"四样礼"，是男女双方家中长辈十分重视的一个礼节。在男方迎娶女方的时候，一定要给女方父母呈上"四样礼"。

第一样叫"心头肉"。这块肉颇有讲究，即"一刀切下，6斤左右，4根肋条，五花3层，连皮带肉"。民间的说法是女娃出生时差不多6斤左右；这6斤是娘身掉下的，自然是娘的"心头肉"，养大成人不易，如今一朝出嫁，这"6斤左右"新女婿是要还丈母娘的。

第二样是"莲菜"。莲菜的形状要两根并生，长势苗壮，节生小枝，枝再生枝，盘根相错，可以有大有小，但万万不能有断裂。其寓意是"接连生子"。

第三样是"烟"（关中话"烟、缘"声、韵相同）。寓意美满姻缘。

第四样是"酒"。寓意天长地久。烟酒都要买双数，成双成对，讨个吉利。

第六章　关中地区民俗文化

（八）三金

"三金"即金戒指、金耳环、金项链，是彩礼的代名词。近年来关中地区彩礼数量和质量逐渐增多和提高，礼金已增加至几万甚至十几万，但最典型的讲究还是"三金"。

（九）发媒

男女双方见面后，如都满意对方，那么经过"换帖""选日子"，约定婚期后，男方就会聘请媒人到女方家告知婚期，请女方提前做好准备。这个过程称为发媒。

（十）换帖

相亲后两家父母如都同意，即换庚帖合婚，将双方出生的年、月、日、时写在红纸上，请人卜算，看相互间有无克累，如果合婚，就要择日下聘。

（十一）选日子

选日子即选择吉期结婚，乡下又叫"合日子"。男方欲娶，经媒人说通女方后，会请先生推算吉期。首先看男、女属相的"利月""败月"，有一首合婚"利月"谣："五、七迎鸡兔，二、八虎与猴，三、九蛇共猪，四、七龙与狗牛羊五、十、一，六、腊鼠马走。"

（十二）上喜坟

新郎新娘在订婚后或婚礼仪式正式开始前要拜祭祖先，叫"上喜坟"。和其他祭祖方式不同的是，上喜坟要在祖先的坟头上压上红纸并放鞭炮。城镇地区上喜坟通常是在家中供奉祖先牌位。"上喜坟"的目的是告慰先人他们的后代即将成家，家族即将添人进口，家族的香火得以延续，同时也愿祖先保佑后代幸福安康，家族兴旺。

（十三）吃喜头饭

"吃喜头饭"就是在姑娘或小伙子找到对象后，男女方的至亲各自请未来的新郎、新娘到家中吃饭。

新郎在婚礼的前一天晚上会请男方的家属亲友吃一顿酒席，称为"暖房酒"。邀请亲朋好友来暖房据说可以增加房子的人气，将房子里的阴暗污浊之气驱赶出去。古人认为房子没人住就会有鬼怪住进来，有阴邪之气，因此要通过热闹的聚会来驱赶。后来这种传统就延续下来了。

（十四）压床

青年男女结婚的头天晚上，新郎家要请儿女双全的老人把床铺好，然后新郎请1

个或者两个弟弟和自己一起在新床上就寝。压床的人也有条件限制，不是任何人随便就能压的。首先，压床的人必须是小于新郎的青年，一般都是自己的亲弟弟，或者是叔伯弟弟和姨表弟弟。如果在自己的亲戚范围内没有这样的人选，也可以找同村的朋友和要好的同学。第二个条件，压床的人必须是未婚青年。

除了请十七八岁的少男压床外，有的地方还讲究请四五岁的男孩儿压床，这是从延续子孙的角度来考虑的。压床的男孩与压轿的男孩一样，都是新娘婚后生育的象征。如果男孩儿在压床时不小心尿在了新床上，就是"吉利加吉利"。

（十五）添箱

"添箱"指陪嫁的家具，最主要的是一对木制大箱子。箱子一般漆成黑色或者枣红色，上面画着夸张而充满喜庆色彩的牡丹富贵图。

（十六）送路

"送路"指结婚前一日女方家的重要活动，也叫"亮嫁妆"。通常天刚亮，女方长辈便将给女儿做好的陪嫁全部摆放出来。这时，左邻右舍的三婶四妈，或从小一起长大的伙伴和姐妹们，会用自己平时积攒的钱，买一对香皂盒、一个小镜子，或几个人合起来送一个装有风景画的镜框送来，叫作"送路"。

招待"送路"的客人并不用酒席。主人会在前一天，煮一盆黄豆，再和煮熟切成小丁的胡萝卜放在一起，在锅里加点清油和盐，炒成"咸豆"，热情地给"送路"的姑娘们抓一些，慢慢地品嚼。如果来人带着孩子，临走前，还会给孩子抓一些带走。

（十七）开脸

开脸是指为新娘去除面部的汗毛，剪齐额发和鬓角的仪式，又称"绞面""绞脸""捋脸"，出嫁前在女方家里进行。开脸人须是父母子女双全的妇人，工具有新镊子、五色丝线或钱币等。开脸后，要给开脸人封红包。因为是人生的头一遭，所以称作"开脸"。

（十八）摆陪房

男方迎亲的人到女家后，要依次吃3顿饭：便饭、面条、酒席。饭罢由迎亲的领头人给女家长辈磕头，女方家主妇在院子里支起的案子上或在沙发上"摆陪房"——衣服、鞋袜、化妆品、被毯等，让来客看。最后将陪房点清装进箱子里带回男方家。

（十九）七娶八送

关中一带传统婚俗中讲究"七娶八送"："七娶"即男家前往娶亲的6男1女（这

个女的必须是"全命人")共7人;"八送"即女家送亲的均由成年男子充当,另有两位"全命人"的女客及新娘未成年的弟弟或外甥、侄儿两人,实际上是"十二送",共10男两女,是女家希望男家人丁兴旺的意思。

(二十)哭嫁

哭嫁习俗是一项历史悠久的民间婚嫁习俗,关中部分农村还保留了这一古老习俗。新娘在出嫁的当天,要不断地哭诉,以感谢父母的养育之恩,直到被接娶到新郎家门才算结束。

(二十一)挂门帘

娘家送亲的队伍中由两个男孩充当两个角色,一个"提包袱蛋儿",一个"挂门帘子"。接新娘回来后,挂门帘的男孩要把男方家挂在洞房的门帘子卸下来,把新娘拿来的"陪房"门帘子挂上去。婚宴前,这个"挂门帘子"的男孩须向新郎"交钥匙",即从一个绣了花的布包里掏出钥匙,由"挂门帘子"的男孩交给新郎,新郎先向这个男孩行礼,然后男孩向新郎行礼,此时婚宴方可开始。

(二十二)食盒

在传统风俗中,食盒是男方订婚仪式上的专用器具。男方家备好礼后,择吉日用两架大食盒送到女方家,一个食盒里放彩缎、衣料、红礼单、喜帖等,一个食盒里放酒肉、礼馍等。每个食盒格里都放得满当当的。女方家验收无误后全部收下,将酒肉食品放到祖宗神案前祭祀,放炮庆贺。如果彩礼不齐备,女方家不同意,便不能烧香放炮。男方家回去时,女方有"回头话",即将事先做好的袜底、袜子、枕头、腰带、新鞋以及礼馍(大枣糕)用红线绑好,放到食盒里,作为"回礼"。

(二十三)打醋炭

新娘的彩车到新郎家门前,男方执事用钳子夹着烧红了的铧,边绕彩车跑边朝铧上倒醋,必须顺时针、逆时针各转3圈。"打醋炭"是古代驱傩(驱鬼避邪)习俗的延续。

(二十四)打草节

新娘到新郎家后,由新郎的一个兄弟男扮女装,抱着贴"喜"字的红升子,里面装着草料、核桃、红枣和铜钱等,向新娘身上撒,叫"打草节"。

(二十五)踩四角

拜堂完毕后,新郎、新娘在众人簇拥下进入洞房的第一件事就是新娘要在炕上踩着床单四角左转3圈，右转3圈。踩的时候还要有"全乎"人在旁边念诵祝福语。

（二十六）合缘法

关中话把"缘分"叫"缘法"。新郎、新娘拜过堂，新娘和跟随的亲戚进入洞房后，会有新郎的一位未成年的妹妹或侄女端一盆水让新娘洗手，新娘要给这个女孩红包。同时，新娘家的一位女亲戚会将所带包袱里的盐包给执事，执事把这包盐倒进男家的臊子面汤锅里。因为关中话"盐、缘"同音，这个仪式寓意着一对新人及两家亲戚有缘分，所以叫做"合缘法"。

（二十七）拜宴

在婚宴上，新婚夫妇对赴宴者行拜礼，称作"拜席"。旧时是跪拜，现在是鞠躬。通常是先拜媒人，再拜"老小外家"，近年来讲究"老小外家"给新婚夫妇披红，披红的用意是希望新婚夫妇成家后孝敬长辈，披红时要先燃放鞭炮再拜其他亲友。

（二十八）撒帐

"撒帐"是婚礼中的一个仪式，又称"撒草料"。新娘下彩车后，由男方亲友往顶着盖头的新娘头上抛撒核桃、红枣、花生、桂圆、糖、谷草、麦草以及五颜六色的彩纸等，意味着春种秋收、早（红枣）生（花生）贵（桂圆）子（瓜子）。也有很多人是在新房的床上撒上或铺上红枣、花生等物。

（二十九）耍房

即"闹洞房"，传统上有"3天不论大小"的说法，即新婚的3天里谁都可以跟新娘新郎闹着玩。旧时耍房会在婚棚里摆上桌子，男家以烟茶、糖果等招待耍房者。耍房的一般都是新郎的朋友。

（三十）抹彩

这是关中地区十分突出的一种婚俗。在婚礼过程中会给新郎父母脸上涂上各种颜色以戏耍新郎父母，增添喜庆气氛，称为"抹彩"。即使是城里，"抹彩"也是免不了的。

（三十一）回门

结婚第三天上午（若遇单日推后1天），新郎新娘带着礼品在新郎一位本族叔父或兄长陪同下回娘家，叫做"回门"，又称"待女婿"。岳父母会摆席招待女婿，并邀请亲戚朋友来赴宴以认识新女婿。新婚夫妇回家时，女家要回赠核桃、枣、花生、糖；新婚第一年，新婚夫妇去丈人家拜年，回家时女家还要回赠核桃、枣等，都是希望新婚夫妇早生贵子的意思。

（三十二）耍新女婿

新娘回门当天，岳父母会设宴席招待，女婿要给岳父母及门族的长辈行叩头礼，新娘的嫂子和姐妹要戏耍新女婿，例如给新女婿灌酒或吃包了辣椒的饺子之类，或者把新郎的鞋抢到，让新郎行了礼才还等，一直热闹到黄昏。

（三十三）住十

婚礼结束后的第二天，新郎要跟随新娘回娘家，第三天再回到婆家，住上一周左右的时间。接着新娘再单独回娘家待上10天或半月，时间到后，由新郎接回婆家，称为"住十"。这个风俗体现了女儿不忘根以及从娘家到婆家生活的一个过渡。

（三十四）谢媒

即酬谢媒人，关中人叫做"谢媒"。指婚礼后带着酒、点心、茶叶等礼品去感谢媒人。

（三十五）求娃

关中一带将祈子称为"求娃"，长期以来，形成了一定的祈子习俗。一般在嫁妆的被子上、洞房门帘上绣上鲤鱼跳龙门的图案，取意鲤鱼繁殖能力强，以此希望新婚夫妇能多生子女。

如果久婚不育，婆婆和媳妇就要到石婆庙或向送子观音求子，有时甚至会向所有的神灵祈求。

（三十六）扯窗纸

关中有些地方在娶亲时有"扯窗纸"的习俗，这也是一种"求娃"的行为。新婚当天，男方用白纸将窗户糊严，新娘入洞房后，新郎将窗户纸撕破，象征新娘有着极强的生育能力。

（三十七）宁灯

又称为"追灯"，关中旧俗元宵节前，娘家要送给新嫁女儿一对大宫灯，此外还会特意送一只小孩打的小灯笼（称为"引灯"）。在进入男家前，一定要把大宫灯和小灯笼点着。送灯仪式非常隆重，家境好的在这天要做酒肉席面招待亲朋。宁灯寄托了娘家人希望女儿能早生贵子、多子多福的含意。

（三十八）忌门

当地坐月子时，要给产妇门帘上系一条红布条，有些地方给产房门楣挂织布用的综或滕子，以告诫闲杂人不得随便入内。不但外人不能进入产房，亲戚来了也要在外边待一会儿才能进去。忌门的目的是为了避免把路上的鬼带入母婴房间，以保证母婴健康。

（三十九）催月子

孕妇接近临产，娘家妈会隔三岔五地去看望女儿，这个习俗称为"催月子"，是催生的意思。

（四十）看月婆

孩子降生第二天，孩子的父亲会带上礼品向产妇的娘家报喜。娘家人会带上补养食品前来看望女儿。亲戚知道后，也同样会带礼品来看望，俗称"看月婆"。

（四十一）做满月

关中民间给孩子做满月，男孩是30天，女孩是29天。亲友拿着贵重礼品前来祝贺，还要往孩子所戴的项圈上拴钱，祝愿孩子茁壮成长。方言中把乡党前来祝贺叫"吃喜"。

满月时要给孩子剃头，剃时后脑勺要留一小撮头发，叫做"吓鬼毛儿"，一般留到3周岁。剃掉的头发不能扔掉，要用红布包成小球状缝在枕头上。据说这样可以镇惊，使小孩睡觉踏实。留"吓鬼毛儿"的目的是避邪。

（四十二）碰干大

孩子满月时，父亲会抱着孩子，胸前放一个大白馍，到街上转，第一个被遇到的男人，就被孩子认作干大（干爸）。干大要送小礼品给孩子，大白馍就被回赠给干大，这个仪式称为"碰干大"。

（四十三）挪窝窝

碰完干大回家后，讲究要将孩子抱进爷爷奶奶的房间转一圈，稍停片刻，称为"挪窝窝"，象征孩子长大后不忘根本。

（四十四）移尿窝儿

农村讲究满月后要带孩子去舅舅家住若干天，去时要给孩子脸上抹点黑，意思是孩子将由"黑娃"变"白娃"。民间还讲究把"移尿窝儿"时从舅家带回的馍喂狗吃，认为这样孩子就不会"变狗"（生病）。

（四十五）过百岁

婴儿出生满100天称为"百岁"。过百岁时一般只是娘舅家来贺，舅舅要给外甥带"曲连馍"（一种圆环型的大馒头，直径要能套进去孩子的头），将曲连馍在孩子的头上套到脖子的位置，再取出来。曲连馍状如旧时的"长命锁"。因此其寓意也是保佑孩子长命百岁。

（四十六）抓周

孩子出生满1年称为周岁，礼仪隆重，亲戚都要来祝贺，有讲究的家庭要举行"抓周"活动。若是男孩，就摆上笔砚、书籍、算盘、小秤、鞭子等，让孩子上前抓取，从所取物件看这个孩子将来是读书的、经商的还是种地的；要是女孩儿，就摆上剪刀、尺子、针线和化妆品等。关中有"娃娃生日一个蛋，大人生日一碗面"的说法，抓周后讲究要给孩子吃鸡蛋。关中方言"鸡、吉"同音，吃鸡蛋取吉祥如意的含意。

第二节 关中丧葬文化

陕西是中华文明的发源地，丧葬文化源远流长。文物可以验证历史，而民俗则可以直观地反映历史。从民俗角度来看，陕西的丧葬祭祀文化也是我们民族文化的重要组成部分。

陕西关中地区农村办理丧事时所举行的各项仪式，可以很好地反映人与人之间的亲情和习俗等。当人故去以后，亲属们则会立即组织起来一班人马司其职，分头向亲朋好友报丧、请风水先生、请鼓乐手、联系厨师、搭设宴棚等。风水先生则会根据亡者的生辰八字、门族晚辈的身份书写门牌（也就是讣告），并挂于亡者家门之前，门牌的格式与遣词用句十分考究，敬语谦辞恰到好处，而后会用罗盘勾画墓穴方位、确定丧期等。在为亡者设置灵堂，向亲属晚辈等散发孝布的同时还要置办陪葬用品，陪葬品中首推石膏彩绘童男女，这在古代是只有贵族才能享受的规格，演变为当今社会普通人藐视等级制度的一种表现。除此之外，就是死者的日常用品，男的摆放烟酒茶具，女的摆放梳子镜子等，无论男女，墓室内都要摆放一个内盛醇面、中插大葱的瓦罐，取意为亡者的后代聪慧发财。在封口字（钉棺材盖）的时候，如亡者是女性，则必须有娘家人在场；如亡者为男性，则必须有其家族中的长者在场。这一习俗有两层含义，一来是看亡者是否为正常死亡，二来是做最后的诀别。这一习俗已延续千年，馆罩一般都由红色的绸缎做成，并绣有龙凤或者其他吉祥图案。

丧乐古老、凄美、悲凉，在丧礼的不同阶段，其音乐的曲调风格也不一样。入殓时，旋律最为悲切，亲人闻之都会掩面流泪，尤其入土前的晚上，吹鼓手的唢呐声如泣如诉，伴着亲人的哭声，邻里路人无不悲泪盈眶。而在出殡的路上，音乐则会悠扬，用来舒缓调节亲人几天来的悲伤、安抚亲朋的情绪。

安葬前一天的下午，亲朋好友如约来吊丧，送礼金、挽幛、花圈、面食等。当天晚上，子女通宵守灵，彻夜不眠，焚香烧纸，灯火不灭。安葬完后，开宴用餐，席间孝子贤孙素服向乡亲等鞠躬叩头致谢。

自亡者辞世起，每7天为一七，直到七七才算结束。而后为百日，会在这样一段的时间里面反复举行悼念活动，其意在于加深对亡者的追思、缅怀。此后为头周年，二周年，三周年（立碑），3年服丧期间，儿子家春节不能贴红对联，而要贴紫色对联并书写怀念辞世亲人的内容。此后，除每年清明节、寒衣节、除夕夜儿女去坟头祭司以外，再无约定悼念日。这习俗既符合短期内对亲人的怀念心情，又符合人们随时间推移而逐渐淡忘事件的规律。

在关中地区，老人去世了，要称没了或走了，回民叫无常了，"死"字是一个忌讳。过去老年人的百年后事，在老人健康的时候就已经开始准备了，以示儿女的一片孝心。一般在老人60岁左右时，就开始准备老衣、枋。枋就是棺材，对于棺材的材料是特别讲究的，最好的是柏木和松木的，其他的则差一些。传统讲究是八大块是最好，也就是8块木材，四叶瓦13.3厘米的厚度。做棺材还要选吉日全材上才底，这一天特别的热闹，要宴请亲戚朋友。棺材做好了以后，外面要刷漆，漆要关中南山的生漆，先刷3遍，以后每年再刷1遍，刷得越多则越美，外面明光发亮，里面则是把松香烧化了刷，松香冷却了就形成了一个完整的壳子，这就是好棺材。生漆有防腐的功能，埋在地下几百年不化，就是木头化了，里面的松香壳还是完整的，可以保有尸体百年之久。棺材做好了就放在厅房的一角，现在关中农村的有些地方还是这个样子，有时去农村一进门，还会把人吓一跳。但是农村的朋友都说："人人都有那一天，棺材棺材是升官发财，好事情嘛。"

老衣就是寿衣，一般都是用绸缎制作，从长到短有5至7件。男为长袍短褂，女为上衣下裙，现在还基本是这个样子。老人不在了，就请先生看风水、择阴宅，开始打墓时用砖箍，这就是砖箍墓。箍好了还要在里面画花鸟什么的。墓门有对联，一般多写的是"天上神仙府，人间帝王家"之类。

在关中地区，断气不叫断气，叫倒头。老人要倒头了，就从炕上抬到准备好的床板上，并烧倒头纸。倒了头，就要叫人整容擦洗换老衣，给口里含一枚麻钱。一般是用乾隆通宝，背后有一个"陕"字的铜钱最好。然后用麻纸蒙面，男停于厅堂，女停于内室。脚下点油灯一盏，门口贴白纸，开始向亲戚朋友报丧并决定入殓、发丧的日期及时间。设灵堂、献糕点、点蜡烛、燃香，灵前用麻包装麦草放在地下，孝子披麻戴孝跪在麻包上守灵。

老人丧后入殓时，一般男由舅家人参加，女由娘家人参加。准备的棺木、衣服和之后的安排要舅家人或娘家人没有意见才行。入棺盖盖，孝子痛哭，见老人最后的一面，大家也就算是告别了。埋的时候，先由外甥或女婿拿松柏枝打个灯笼下到墓室里打扫，意为让老人住个干净的地方。

下葬的头一天，亲戚朋友都会来。有钱的请人演戏，没有钱的请来乐班，现在演电影、放录像的也有。迎亲戚朋友之祭礼，孝子要排队吹鼓手领路，从路口或村口迎接回。迎到灵堂，亲戚朋友要向死者行礼。献酒讲究三拜九叩，祭完了再守灵。

一般从倒头到发丧要放3～7天，这是根据年龄、天气和家庭情况决定的。发丧要赶早，孝子亲戚朋友再绕棺一遍做最后的告别，将棺木放在龙头龙尾的棺罩里，由孝子牵纤拉灵。吹鼓手开路下葬埋土，然后丧家摆宴席宴请大家。下葬后连续3天，孝子需在坟周围点麦草守夜。意思是新居害怕，由儿子点火为其壮胆。从去世起7天为一期，每期都要祭奠，以后有百天、周年、三年。3年后按照节日纪念即可。

第七章　关中地区戏曲音乐文化

第一节　秦腔与关中地方戏曲

一、中国戏曲的鼻祖——秦腔

秦腔是我国传统戏曲中历史最为悠久的剧种之一。中国戏曲源远流长，它最早是从模仿劳动的歌舞中产生的，萌芽于先秦，秦腔是起源于秦地关陇一带的民间歌舞，关中素有"八百里秦川尘土飞扬，三千万秦人齐吼秦腔"的俗语。秦腔因以枣木梆子为击节乐器，故而又叫"梆子腔"。清人李调元《雨村剧话》云："俗传钱氏缀百裘外集，有秦腔。始于陕西，以梆为板，月琴应之，亦有紧慢，俗呼梆子腔，蜀谓之乱弹。"秦腔是我国戏曲音乐中最早的板腔体声腔，也是拂子腔系统的母体，创造了我国戏曲音乐中板式变化的结构方法。现在北方几省的梆子戏虽然风格与秦腔很不相同，但在音调和伴奏上都与秦腔保持着共同的特征。

秦腔是我国流传最为广泛和影响最大的戏曲之一。除陕西地区以外，也流行至甘、宁、青、新、藏、京、津、冀等全国各地，中华人民共和国成立后还传至台湾，并多次出国演出。秦腔名艺人魏长生及其所率领的秦腔班是乾隆时期最有影响的班社之一，魏长生3次进京为乾隆演出，使"京腔"甘拜下风。李斗《扬州画舫录》卷五云："京腔用汤锣不用金锣，秦腔用月琴不用琵琶。京腔本以宜庆、萃庆、集庆为上，自四川魏长生以秦腔入京师，色艺盖于宜庆、萃庆、集庆之上，于是京腔效之，京秦不分。"此后，形成京、秦不分而以秦腔为主的局面。

秦腔拥有一批又一批传承有序的国家级优秀表演艺术家，除清代名冠南北的大艺术家魏长生外，还有王湘云、陈嫫碧等；光绪中后期有润润子、玉喜儿等；辛亥革命以来，有名丑马平民，名小生苏哲民、苏育民，名旦刘箴俗、人称"西北梅兰芳"的王天民、"秦腔正宗"的李正敏、宋尚花等，名净田德年、名须生刘毓中、任哲中等。现已公示的国家级非物质文化遗产传承人有吕明发、李爱琴、贠宗翰、康少易、马友仙、佘巧云、肖玉玲。

秦腔表演技艺十分丰富，常用的有趟马、拉架子、吐火、扑跌、扫灯花、耍火棍、枪背、顶灯、咬牙、转椅等。秦腔的8大传统绝技有吹火、变脸、顶灯、打碗、鞭扫灯花、踩跷、牙技、尸吊。在世界注目的2008年北京奥运会上，就是采用秦腔独特绝技——吹火，来点燃奥运圣火的。

秦腔是中国戏曲4大声腔中最古老、最丰富、最庞大的声腔体系。秦腔的唱腔宽音大嗓、直起直落，既有浑厚深沉、悲壮高昂、慷慨激越的风格，同时又兼有缠绵悱恻、细腻柔和、轻快活泼的特点，凄切委婉、优美动听，深为广大人民群众所喜爱。秦腔是根植于黄土地的旋律，表演朴实粗犷、细腻深刻，以情动人，富于夸张性。

秦腔有一个特点是"彩腔"。"彩腔"也叫"拉腔""二音""边音""鬼音""冒调"，它是加在素腔基本句型中的华彩部分——往往是用假嗓哼唱出的一个长拖腔，唱词没有实际内容，往往是虚词或一个元音，多用于小旦、正旦、小生行当的唱腔中。

秦腔所演的剧目，据现在统计有约3000个，已抄存的共2748本。1912年辛亥革命后，西安成立了以移风易俗为宗旨的陕西易俗社，对秦腔剧目、音乐唱腔、表演艺术、导演、舞台设计等方面进行了一些革新，并大量编演了反映民主革命的新剧目，如抗战时期的《血泪仇》等。彭德怀在给《血泪仇》作者马健翎的信中说："为广大贫苦劳动人民、革命战士热烈欢迎，为发动群众组织起来有力的武器。"1924年鲁迅在西安曾5次观看易俗社的演出，给予好评，并亲笔题赠"古调独弹"的匾额，又以讲课酬金捐赠来支持易俗社的秦腔改革。

秦腔脸谱绘制风格古典独特，体系完整，与京剧脸谱、川剧脸谱并称中国3大脸谱系统，且对国粹京剧脸谱的形成与发展影响深远。秦腔脸谱作为秦腔戏曲艺术的固有组成部分，多年来一直保持它自身的一套完整体系。著名京剧研究家、京剧脸谱绘制大家刘曾复先生在《浅谈秦腔脸谱》提到："秦腔脸谱总的来说比现行京剧净角脸谱复杂……秦腔脸谱的复杂表明它比现行京剧净角脸谱古典"。

2006年5月20日，秦腔经国务院批准列入第一批国家级非物质文化遗产名录。2007年6月8日，陕西省西安秦腔剧院获得国家文化部颁布的首届文化遗产日奖。

二、中国戏曲的活化石——华阴老腔

2009年，北京人民艺术剧院改编自陈忠实小说《白鹿原》的同名话剧，充分展示了原生态，请华阴市12位老腔演员把老腔搬上舞台，将华阴老腔的滋味"释放"得非常彻底，产生了强大的震撼力。

华阴老腔系明末清初，以当地民间说书艺术为基础发展形成的剧种，长期以来，为华阴市泉店村张家户族的家族戏。老腔的语言性很强，声腔紧紧依附和模拟着字声，经常把说、念、唱交织在同一个唱段，呈现出由说唱向戏曲过渡的明显痕迹。中国民族民间文化传承保护工程专家靳之林观看了华阴老腔后激动地赞誉："华阴老腔是中国戏曲的活化石。"

老腔戏的剧目浩繁，现存的有200多个，其中以西周、列国、三国、唐宋时期的历史剧最多，约120余本，如《长坂坡》《出五关》《取西川》《收姜维》《定军山》《战马超》《临潼斗宝》《三战吕布》《失街亭》《三气周瑜》等。还有反映20世纪初期生活趣事和纯武打剧目，数量较少，约20多出，如《秃子尿床》《教学》《挖蔓菁》《董烂子卖他妈》《王迷眼办亲》《收羌白》《耍社火》《比武》等。20世纪50年代陆续移植了历史剧十几本，如《小刀会》《逼上梁山》《斩李广》等。20世纪六七十年代还创作和移植了10多本现代剧，如《刘胡兰》《杜鹃山》《智取威虎山》等。

老腔最大的特点就在于它的老辣。老腔每句唱腔旋律中在句末都有一个三拍的乐节形式，这在全国剧种中，几乎是没有的。其声腔刚直高亢、磅礴豪迈，落音又引进了渭水船工号子曲调，采用一人唱众人帮合的拖腔，伴奏独设擅板的拍板节奏，均构成了该剧种的独有之长，在剧史的本源性、传承的封闭性、剧种的独存性、风格的张扬性等方面，老腔都有其独特的艺术价值和史学价值。2006年5月20日，华阴老腔经国务院批准，列入第一批国家级非物质文化遗产名录。

三、通俗活泼的生活剧——眉户

眉户盛行于关中，流行于山西、河南、湖北、四川、甘肃和宁夏等部分地区。眉户，即眉鄂，或称"迷糊（胡）""曲子戏""弦子戏"，属秦腔派系。眉户最早盛行于眉县、户县，并以"眉户"得名。眉县和户县一带位于秦岭太白山麓，自古盛行民间歌曲，眉户曲起源于这些民间歌谣，古称"清曲调"。眉户原以自乐班、坐唱、清唱形式出现，是农民在耕作之余的一种消遣娱乐活动。清朝乾隆年间，随着秦腔等戏曲艺术的发展，眉户逐渐地被搬上了舞台。

眉户唱词通俗、表演自由活泼，适合表现民间的生活故事、男女爱情、家庭琐事等。眉户的曲调极其丰富。有岗调、五更、流水、高涧、尖尖花、扭丝、长城、勾调等大小曲牌百余种。乐队文乐有板胡、二胡、三弦、横笛、唢呐等，武乐有板鼓、翅板、大小锣、钹等。中华人民共和国成立后运用了西洋乐器，使眉户戏的音乐有了新的发展。

眉户音乐曲调平抑、略带高低音相配，形成了72大调36小调。关中地区以"二华"、周（至）户（县）为中心，形成不同特点，使眉户更具秦地风韵。东西府眉户逐步融晋中、陇东小调、小曲之特点，发展成为一种别具风格的东西路曲调。有名的曲目有《李亚仙》《金碗钗》《曲江歌女》《两颗铃》《梁秋燕》《杏花村》《槐荫记》《十二把镰刀》《银纽丝》《连相》《哭长城》《呀呼调》等。

四、老秦腔——同州梆子

同州梆子，又名"东路秦腔""同州腔"，也称老秦腔，多被人奉为梆子腔鼻祖。以同州（今大荔）、朝邑为中心，盛行于关中东府10余县，流行北至绥德，东到潼关，南抵洛南，西行渭南。并流传到甘肃、宁夏、青海、新疆，以及北京、山西、河南、湖北、湖南、江浙等地。

明末已有班社和演出活动。据同州梆子老艺人王谋儿等口述，李自成农民起义军，在大荔和蒲城之间的孝同练兵时，就以同州梆子为军戏。大荔曾流传民谚"坡南出了个驴子欢（吕志谦），一声就能吼破天。不唱戏，没盘缠，跟上李瞎子（李自成）过潼关。唱红了南京和燕山……"清嘉庆至光绪年间为同州梆子发展鼎盛期，涌现出了许多班社，著名艺人层出不穷。

同州梆子剧目丰富，据统计有1000余本，但大部分已经失传。现发掘、整理和演出本仅有200余本，多为历史题材戏。中华人民共和国成立后，为抢救这一古老剧种，于1957年由陕西省戏曲学校招收了74名学员，成立了同州梆子班。1961年5月，由同州梆子班组成"陕西省同州梆子实习演出团"，赴京汇报演出《破宁国》《石佛口》《辕门斩子》等优秀传统戏，引起首都戏剧界的关注。著名艺人王赖赖演出的《滚鼓刘封》，被京剧艺术大师梅兰芳誉为"活张飞"；戏剧理论家周贻白观看演出后，撰文认为中国各地梆子戏曲剧种概源于同州梆子。

五、婉转悠扬的碗碗腔

碗碗腔原为陕、山两省流行的一种皮影戏腔调。碗碗腔，亦称时腔，曾用名华剧，以小铜碗主奏击节而得名，又称阮儿腔，流行于陕西东部华阴、华县、大荔（包括原朝邑）、蒲城、渭南、临潼、澄县、白水、富平及陕北、陕南、晋南一带。其名谓来源有三：一说因其主要节奏以打击小铜碗而得名；二说因领奏乐器月琴旧称"阮咸"，后又名"阮儿腔"，衍化为碗碗腔；三说因演皮影需要油灯碗而得称。

碗碗腔产生和形成年代，据史料和老艺人追忆大约产生在清乾隆年间（1739—1795），并产生著名戏曲家李芳桂及其作品8本两折，称为"十大本"，纵观十大本的唱词结构可以看出，远在作者所处的年代，碗碗腔主要唱板就已形成。

碗碗腔表演上主要运用我国戏曲的传统程式，适当吸收皮影戏中人物的表演动作。演唱时，小生、小旦、青衣真假嗓结合，吐字多用真声，拖腔多用假声；老生、须生、老旦、小丑全用真声；花脸多用喉音和脑后音。演出中并有重唱、齐唱、伴唱等形式。唱词以七字句和十字句为主，也有五字句和"三不齐"。

历史上的碗碗腔一直是以皮影形式演出，舞台搭盖简单、演职员精干、演出内容丰富，多为农村红白喜事、祭祀祖先时包场时演出。1957，年陕西省戏曲研究院把碗碗腔《金碗钗》中的《借水赠钗》一折搬上舞台，经人试演获得成功，从此开创了碗碗腔剧种历史的新局面。2006年5月20日，碗碗腔经国务院批准，列入第一批国家级非物质文化遗产名录。

第二节 皮影与提线木偶

一、世界电影开山之祖——华县皮影

皮影是中国乃至世界上最古老的艺术品种，华县皮影被国内外皮影界公认为皮影艺术种类之集大成者，被誉为世界"皮影之父"。法国的乔治·萨杜尔在《电影通史》中，把中国的皮影戏称为电影的前驱；而浑司楼在《人们的剧场》一书中宣称："有声电影的来源，不能不推崇中国影戏为开山之祖。"由此确立了中国皮影艺术在世界艺术史和科学文化史上的地位。

马义文《华县皮影抉微》："熟识皮影的人们都知道，皮影和皮影戏是两个不同的概念，前者只是道具，属于工艺美术的范畴，而后者是在光的映照下，配以音乐说唱，让道具（影人影物）动起来的综合艺术，属于戏剧的范畴。"皮影，又称灯影，民间称其为牛皮灯影，是我国民间广为流传的傀儡戏之一。皮影戏发源于汉。在华县民间皮影艺人中，广泛流传着这样的俗语："汉妃抱子宫前耍，巧剪桐叶照窗纱。文帝治国安天下，制乐传入百姓家。"《事物纪原》卷9载："故老相承，言影戏之原，出于汉武帝李夫人之亡，齐人少翁言能致其魂，上念李夫人不已，乃使致之。少翁夜为方帷，张灯烛，帝坐他帐，自帐中望之，仿佛夫人像也，盖不得就视之。由是世间有影戏，历代无所见。"关于李夫人之事在《汉书·外戚传》《搜神记》《论衡·自然篇》《汉书·郊祀志》等典籍中多有记载，由此可见，皮影戏源于秦汉时期的"弄影术"，即方士和道士利用梦、影、幻觉，将想象与观察巧妙结合，糊弄帝王，使其相信长生不老、灵魂不灭。

据《中国影戏史略及现状》记载："中国影戏之发源地为陕西，自秦汉至隋唐当皆以其最盛。"华县皮影戏早在13世纪初，便随蒙古军队传到中亚细亚一带，14世纪中叶传入波斯，15世纪（明成化年间）传入埃及，17世纪初（明万历年间）传入土耳其，18世纪天主教传教士把中国皮影介绍到法国，1767年曾在巴黎剧场作过表演。清乾隆三十九年（1774年），德国大诗人歌德曾于威蓝博览会上介绍过中国皮影戏，1781年他曾主持过以德国故事为内容的皮影演出。

华县皮影以其独特的艺术特色和魅力，引起国内外的热切关注。当地老百姓的俗语："隔帐陈述千古事，灯下挥舞鼓乐声。奏的悲欢离合调，演的历代奸与恶。三

尺生绢作戏台，全凭十指逞诙谐。一口道尽千古事，双手对舞百万兵。一张牛皮居然喜怒哀乐，半边人脸收尽忠奸贤恶。"此说法将华县皮影艺术讲得淋漓尽致。

1955年，华县的皮影艺人李俊民和安世杰先生曾赴陕西省迷碗团传艺。周总理看了省戏曲研究院新排的碗碗腔《金碗钗》后热情赞誉道："你们把皮影搬上舞台，很好，碗碗腔源出于华山北麓、华阴、华县一带，应更名为华剧，中华民族之剧嘛。"20世纪90年代以来，华县皮影艺术多次走出神州，登上国际文化艺术交流的殿堂。

华县皮影的雕镂制作精细、玲珑剔透，深受民间喜爱。华县皮影以上等牛皮为原料，经制作刮毛去脂、磨、刻、染、熨、缀等20余道工序精工细作而成。影人的造型小巧玲珑，高约33厘米，体型夸张大胆，变形巧妙。影人的作色采用传统绘画工笔重彩方法，以镂线分色，用固有色平涂分填，多次烘染，用大红大绿作强烈对比，镂线计白，自然调和。每件影人都具有至高无上的艺术价值和美学价值，堪称艺术珍品。

华县皮影戏的唱腔为陕西东路皮影的正宗，就其声腔而言，属于板腔体，主要板式有慢板、慢紧板、紧板、二六板、煽板、二八板、扬句子、滚板、三不齐、单句送等，其腔调分花音、平音、哭音。

华县皮影在发展传承过程中，各个时期都有著名的艺人出现，演出、雕刻、美工、编剧人才济济，从无间断。华县皮影已形成产业化，产品畅销国内，远销德、意、日、英、法、美、加拿大等10余个国家。2006年5月20日，华县皮影列入国家首批非物质文化遗产名录。

二、最古老的木偶剧——合阳提线木偶

陕西东府民间广泛流传着"不吃踅（xué）面不看线（戏），不算到过合阳县"的说法。合阳踅面是合阳独有的地方风味面食，合阳提线木偶戏是合阳县独有的古老地方剧种，民间俗称"线戏""线猴""线胡"或"小戏"。合阳线偶戏自成一家，表演时木偶的动作全部是靠演员用手中的细线悬控木偶完成的，其唱腔在全国也是独一无二的，带有浓郁的地方音调，悲怆苍凉而不失激情、委婉细腻而不失刚烈，颇具秦人秦地的风采和特点。目前，合阳提线木偶戏已被载入中国木偶艺术史册，被海内外誉为"中华一绝"。

线戏渊源十分久远，据有关资料记载，线戏起于汉，兴于唐，盛于明清。唐代段安节所撰《乐府杂录·傀儡子》载：当年匈奴攻代国，汉王被困平城。代王知道西河（合阳古称"西河"）有线戏，告知陈平。陈平命工匠仿制大木偶，栩栩如生，借夜月舞于城楼。匈奴王之妻望见，心生妒忌，害怕城破之后匈奴王纳汉家女，遂网开一面，放走汉王。

唐代线戏十分流行，明清是合阳线戏的鼎盛时期。合阳举人李灌与线戏艺人对

线戏的唱腔、音乐、服饰、剧目及偶人造型作过较大的改良，使之更趋完整化、戏曲化。线戏戏班曾随商帮到过苏州、扬州、甘肃、河南、山西等地演出。

线戏的表演方法主要就是提线。表演时，在戏台上搭一高约1.2米的长板台，演员站在布帐后的木台上，手提木偶在帐前表演。合阳线戏剧目非常丰富，传说有500余本。

1952年，由线戏艺人魏天才、王忠绪等发起，在民间班社的基础上成立了"合阳晨光线剧社"，后改为"合阳县提线木偶剧团"。1986年，在西安为我国驻9个国家的文化参赞演出，法国记者范华先生专程来合阳拍摄影片，带往法国播放，合阳线戏首次进入国际文化交流行列，并于1997年赴巴西演出。合阳线戏为发展中外友谊做出了贡献。

第三节 仙乐悠扬

一、中国音乐的活化石——西安鼓乐

西安鼓乐是我国古代音乐的重要遗存，它特有的复杂曲体和乐汇、旋法及乐器配置形式，成为破解中国古代音乐艺术谜团的有力佐证；它大量的传谱曲目丰富了中华音乐文化宝库，为我国民族音乐文化的进一步发展发挥着重要作用，被列入联合国《人类非物质文化遗产代表作名录》。

西安鼓乐是千百年来流传在西安（古长安）及周边地区的民间大型鼓乐。它起源于隋唐，历经宋、元、明、清，至今仍然保持着相当完整的曲目、谱式、结构、乐器及演奏形式，是迄今为止在我国境内发现并保存最完整的大型民间乐种之一，被国际音乐界和史学界誉为"中国古代音乐活化石"。

西安鼓乐是宫廷音乐、唐代燕乐、民间音乐和宗教音乐的融合体。西安鼓乐源于宫廷音乐，其结构、乐谱、曲名、乐器等又与唐代燕乐中的大曲有着千丝万缕的联系，后经安史之乱流入民间，且为宗教音乐吸纳，经过千百年来的实践与发展，逐渐形成了一种以打击乐和吹奏乐混合演奏的完整的大型音乐形式。

西安鼓乐以其丰富的内容、庞大的乐队、众多的曲目、复杂的结构，成为了中国古代音乐乃至世界民族音乐发展史中的奇迹。西安鼓乐至今保存着传统的各种鼓乐演奏形式、结构、乐器、曲牌、谱式，以及保明代手抄的半字谱。

西安鼓乐的演奏班社中，分为僧、道、俗3个流派，在演奏风格和技巧上各有千秋。道派鼓乐温文典雅，技巧较高；僧派鼓乐热烈、粗犷、富有生活气息；俗派比僧、道两派更多地吸收了民间音乐的因素。

西安鼓乐的演奏形式分为"坐乐"和"行乐"。"坐乐"是室内坐奏乐器有笛、笙、管,击奏乐器有坐鼓、战鼓、乐鼓、独鼓及大铙、小铙、大钹、小钹、大锣、马锣、引锣、绞子、大梆子、手梆子、云锣等。曲调是固定的套曲,即"花鼓段坐乐全套"和"八拍鼓段坐乐全套"。"行乐"即在室外行进中演奏,伴以彩旗、令旗、社旗、万民伞、高照斗子等,用于祈雨、祭祀、朝拜、迎送等活动。乐器用高把鼓、单面鼓、小吊锣、铰子、供锣、手梆子、方匣子等打击乐器和笛、管、笙若干。用高把鼓的叫高把子,风格温雅庄重;用单面鼓的叫乱八仙,风格活泼悠扬。

西安鼓乐目前保留乐谱约百册,曲目3000余首,曲名、曲牌1200多个,套曲40多部,现在常用的曲目有《鼓段子》《打扎子》《引令》《套词》《南词》《曲破》《杂曲》等。

二、佛教音乐——蓝田普化水会音乐

蓝田普化水会音乐产生于水陆大会活动,历史上是专为做佛事、善事、祭祀而奏的。水会音乐源于隋、盛于唐,是唐代宫廷音乐。传至民间后,经和民间音乐、宗教音乐融合后演绎成的一种地方特色的宗教乐种,是典型的取水音乐。按照演奏的内容和形式分为行乐(进行中演奏)和坐乐(室内诵经时演奏),其音乐旋律委婉、清雅细腻、悦耳动听。

"水陆大会"通称"水会",是一种古老的民间取水形式。民间叫"取水",也叫"祈雨",伴同取水活动的吹打乐成为"水会音乐",由于它便于长途行走,因此也叫"行乐"。祈雨比赛音乐在关中一带形成一种风俗,一直流传在民间。

据蓝田田家村乐社老乐工讲:过去田家村乐社除每年天旱时去周至县太白山取水外,还常和西安的几个乐社进行斗乐比赛。看来这种风俗流传于沿终南山麓一带,长安、蓝田、周至等乐社都有类似的朝庙赛乐活动。

第四节 鼓舞铿锵

鼓乐是我国历史悠久、流行深广的民族民间打击乐艺术,是人民群众最喜爱和最常用的文娱形式之一。鼓是精神的象征,舞是力量的表现,鼓舞结合开舞蹈文化之先河。如果说《尚书·益稷》中"击石拊石,百兽率舞"记述了原始社会人们敲打着石器、模仿兽类的形象跳图腾之舞的话,那么《易·系辞》中"鼓之舞之以尽神"则说明鼓的出现使舞蹈得到飞跃,成为农耕舞蹈文化的开端,是弘扬民族精神的重要艺术形式。击鼓助战用于战争,预示着战争的开始。

宋代吴淑的《鼓赋》对中国鼓的源起、形制、名称、功用有这样的记载:"鼓,动也，含阳而动者也。"鼓起源于原始社会早期，其主要作用是先民们通过敲击声来驱逐猛兽侵袭，以保护生命安全。中国鼓由土鼓、瓦鼓、木框鼓、铜鼓、足鼓、楹鼓，逐步发展为后来的兽皮鼓。

鼓在中国礼乐制度、宗教祭祀、军事仪仗、民间艺术、风俗习惯、应用技术中的效用，全面而深刻地反映了中华民族的风尚和心态。其功能从最初的驱兽祭祀到应用军事、政治、艺术，直至在日常生活中具有多方面的实用价值；中国鼓文化的博大精深，蕴涵着深奥的哲理。

从传统文化的角度看，儒家的礼乐离不开鼓，鼓在制礼作乐中的重要作用体现了传统文化的深邃的思想。从民族文化的角度看，汉民族和各少数民族都有自己各具风采的鼓文化，而中华民族的鼓文化又以其源远流长、丰富多彩的特色在世界上享有盛誉；从民间文化的角度看，鼓文化渗透在风俗文化的各个领域中，在风俗习惯和社会日常生活中人们时常可以看到鼓的身影、听到鼓的声音。有了鼓，儒家的礼仪更加庄严和谐；有了鼓，古代的将士更加勇往直前；有了鼓，我们的民族更加朝气蓬勃；有了鼓，我们的人民更加斗志昂扬……鼓与中国民众生活的联系是那样密紧，鼓文化与中国传统文化的渊源是那样深远，中国鼓和鼓文化发展的独特性，正体现了中华民族文化的特色。

近年来，我国的民族鼓乐文化在改革开放大潮的推动下得到了长足的发展，而鼓乐文化事业也成为服务社会、服务大众、促进健康娱乐和构建和谐社会的重要组成部分。据不完全统计，目前全国有各类民族鼓乐团队100余万家，参与鼓手达1000余万人。中华鼓乐网所指鼓乐范畴：鼓乐是指以吹、打乐器为主的民间器乐合奏的概称。常用乐器包括唢呐、笙、笛、琴、钟、锣、鼓、镲等民族打击乐器；表演形式包括鼓曲、鼓歌、鼓舞、鼓戏等与鼓结合的各类文艺方式。

关中民间锣鼓形式、风格多样。据不完全统计约有40多种，其中多以民间社火或庙会为载体，也有部分形式属于民间庆贺时的一种助兴活动。其中既有与唢呐相结合的小型吹打乐演奏，也有大型的打击乐演奏表演，更多的则与舞蹈表演交相辉映、相互衬托，形成一种"以鼓作舞""鼓之舞之"的大型民间广场表演的鼓舞节目。民间鼓舞虽说多以男性集体群打表演为主，但大荔县流传的"花苫鼓"却以女子表演为特色（过去表演时也得男扮女装），成为关中独特的女子鼓舞节目。关中的鼓舞表演多以大型活动为主，少时数十人，多时上百人。如气势恢宏，场面壮观的韩城"百面锣鼓"、合阳的"撂锣"、潼关的"抡锣"、大荔的"南留锣鼓"、咸阳的"牛拉鼓"、岐山的"转鼓"、宝鸡的"百面锣鼓"、乾县的"蛟龙转鼓"等，也有单打独奏，技艺娴熟，表演精彩，诙谐风趣的"五圆鼓"、宝鸡的"刁鼓"等。在曲式结构上既有上下两句对称无限反复的单一形式，也有结构完整的大曲、套曲形式，如常见的《什样锦》《风搅雪》《狗嘶咬》《老虎磨牙》《九折子》等。民间鼓舞虽多以情绪气氛表现为主，但有的还能表现历史人物故事，使锣鼓表演突出对人物形象的塑造和对故事情节的描述。华阴市的"素鼓"(又称"数鼓",以表演时所需的鼓数多少而得名)就是以鼓舞表演历史人物故事的一种形式,它除了《开场鼓》以表现情绪气氛外,还可以用鼓舞表现传统戏曲中的折子戏,常演的节目有《三战吕布》《五龙二虎逼彦章》《八虎困幽州》等。运用鼓舞表现传统故事人物,使锣鼓表演具有戏剧性,这也是关中鼓舞唯一独特的形式。

关中各地流传的民间锣鼓和民间鼓舞是三秦传统文化的一个重要组成部分,也是深入研究关中地域文化不可忽视的内容。从现有民间流传的鼓舞节目分析,可以看到它所具有的深刻内涵和风格特色,也可以更好地认识民间鼓舞的历史作用和文化价值。

一、具有社火祭祀的内涵

"以农立国""以农为本"自古就是我国社会经济发展的基础。自秦、汉、盛唐之时,八百里秦川就是盛产粮棉的地方。秦始皇大兴水利修建了郑国渠促进关中农业生产的发展,为他"横扫六合"、统一华夏打下坚实丰厚的经济基础。汉代铁器的出现促进了我国农业生产的发展,也因如此,民间艺术大都打上了鲜明的农耕文化的烙印。关中民间锣鼓无不突出了鲜明的农耕意识,其中民间社火就具有典型的农耕文化特点。

关于"社"的解释有不同的说法。《周礼》中称"二十五家为一社",社成为古代具有氏族性、宗法性的社会基层组织;《左传·昭·二十九年》记:"共工氏有子曰句龙,后为土……后土为社。"这里所说的"社"指的是土地。历代天子称自己的江山为"社稷"。所谓"社"即土地,"稷"指的是谷物,历代天子和百姓每年都要祭祀土地神和谷神。而"社火"一词最早始见于宋代,宋代诗人范成大在《石湖集》涛集中有一首《上元纪吴中节物俳谐体三十二韵》诗作,自注称:"民间鼓乐,谓之社火。"当今民间流传的闹社火,就是一坊一社群众运用民间鼓乐祭祀土地神和谷神的一种活动。周代兴起的"傩仪"是我国古老的一种祭祀祈天、消灾免难的祭祀礼仪。在历代宫廷中每年都举行"驱傩"活动,俗称"大傩",在民间也很兴盛。《论语·乡党》中所说的"乡人仰,朝服而立于阼阶。"就记述了孔子遇见乡人驱傩时,也要穿上朝服毕恭毕敬地站在东面台阶上观看的情景。迄今为止民间社火仍保存祭祀驱傩的内涵,也是广大农民欢庆丰收、祈求风调雨顺的表现。有的地方也使社火表演成为了当地庙会中不可缺少的活动,从而使民间鼓舞具有鲜明的祭祀目的。如蒲城的"尧山大鼓"、富平的"老鼓"、临潼的"牛拉鳌鼓"等,都属社火表演中的常见节目。

二、突出祈雨的目的

民间锣鼓不仅是春节社火中不可缺少的活动,过去每遭大旱时,群众也皆以民间鼓舞进行祈雨,从而形成了一种专门祈雨表演的专舞。如韩城"抬神楼"时表演的"挎鼓子";华县下庙乡流传的"背花鼓",当地又称"蹦鼓子""蹩鼓子";大荔表演的"花苫鼓"等均属于祈雨时的专舞。中华人民共和国成立后由于大兴水利、组织抗旱保收,民间祈雨活动基本已消除了。因此,原用于祈雨的专舞已变成当地民间社火中的独特形式。

为祈雨而作舞,远在我国殷商时期就已盛行,如商代流传的"桑林舞""雩舞"就是我国古老的祈雨舞,而迄今流传于华县下庙乡的"背花鼓"就颇具古老"桑林舞"的某些遗风。当地的"背花鼓"原属下庙乡专门祈雨的专舞。过去,每逢农历三月初,下庙乡人都要去华山取圣水,"背花鼓"队是迎接圣水返回下庙庙会时不可缺少的鼓舞表演。而更奇特的是鼓手与众不同的装束,显示了"背花鼓"舞极其原始古朴的特色。表演者身背高约1米、用竹篾扎成扇形背花,背花各顶竿插着小三角彩旗、纸花、红绣球、小圆镜等,颇似古老的旌羽饰物。鼓手两胯间挂一直径约40厘米的扁圆鼓,鼓槌更为罕见,不是常见的槌把,而是双手各攥一个长约15厘米、直径约10厘米的短圆形式筒状鼓槌。舞者始终保持马步蹲裆姿态,不停地随着鼓点节奏左右横移,简单的步履颇似"桑林舞"中常提及的"禹步"姿态。特别是鼓手双手高举鼓槌上身后仰、双槌向下用力砸向鼓面时,上身会向前俯,让背花向前闪动并伴以不停地"啊——哦"嚎叫声,使背花不停地前后闪动,使舞蹈具有独特的古朴风格和律动。从其形式、风格、装饰、动作、节奏、律动来看,是陕西省极罕见的鼓舞节目。

三、反映军旅征战生活

古代征战和习武操练更离不开击鼓表演,"以鼓作气""鼓舞斗志""击鼓前进、鸣金收兵"等许多成语都和"鼓"字有关,从而证实了"鼓"在我国古代军旅征战、操练中的重要作用。陕西民间鼓舞中有不少与古代征战有关,或者说是古代军旅征战生活的再现,从而使民间鼓舞突出了激越、奔放、铿锵有力的风格特点和紧张、急促的节奏变化以及浩大的场面与严谨的队形变化,给观众以强烈的气氛感染。如流传陕北的"安塞腰鼓"、洛川"蹩鼓"、宜川的"胸鼓"等,均以磅礴的气势、恢宏的场面、激越的动作、强烈的声韵,通过演员击鼓过程中的蹦、跳、踢、转、踹、跨等动作变化,并伴以脚下飞扬的黄沙土浪,仿佛让人们目睹了古代军卒在沙场上进行殊死的征战和拼杀,给观众以极大的精神鼓舞和"力"与"美"相结合的艺术感染。

关中各地也有许多反映古代军旅征战的民间鼓舞，如岐山的"转鼓"、澄县的"洪拳鼓"、渭南临渭区的"八仙鼓"、乾县的乾州"蚊龙转鼓"等。更值得一提的是临潼的"十面锣鼓"，舞者身后均插一根高约两米多的竹竿，竿顶上装有三角形小战旗和各色纸花，数十名鼓手的左肩上均斜挎一个木制丁字形鼓架，一面直径约50厘米的扁圆鼓成45度斜角挂在胸前，左手握一细鼓槌边跑边转队形，边挥槌击鼓前进。另有数十名于前身左前侧悬挂"背弓锣"者与鼓手相间排成一路纵队，在一位敲锣者的率领下在场中不停地跑转，节奏由慢渐快、步履由缓渐急，在变换的队形中像旌旗林立一般，舞队如同军旅在不停调动布阵一样。据当地老艺人介绍，相传此舞是楚汉相争时，刘邦兵弱将寡，不敌楚霸王兵强马壮，于是韩信巧设迷魂阵，让有限的汉军骑着战马，战马马尾拴着树枝，将士双手举着战旗不停地在丛林中往返跑动穿梭，制造汉军忙于调兵遣将进行布阵、严阵以待地要进行决战的架势，从而使楚军不敢轻举妄动。这虽属民间传说，但从"十面锣鼓"的表演风格和队形变化中，可以看到像古代军旅在急行军和进行调动布阵一样，具有古老军阵乐舞的一些痕迹。

四、原始舞蹈的活化石

合阳县东雷村流传的"上锣鼓"，是关中罕见的民间鼓舞形式。其装束、风格、动作均具有原始氏族部落"同歌共舞"的特征，仿佛再现了原始氏族部落时代的社会生活，使观众产生了无穷的遐想和生动独特的艺术感受。

正月十五前后，东雷村南北两社白天耍社火、晚上共同表演"上锣鼓"。入夜，渭北高原天寒地冻、寒风凛冽，而所有舞者均赤身袒背仅穿一条短裤，有的头戴草帽壳，上插野鸡翎；有的脸上涂红抹黑；有的戴着用核桃皮做的眼镜。而鼓手胸前则饰两个圆形布圈，问其鼓手为什么这样装束，艺人也说不清。其实这很可能是原始母系氏族社会中的一种对女性崇敬的遗存。表演场地设在村中广场，四周燃起堆堆篝火，熊熊烈火照亮夜空，无数人群高擎火把跑动，给人们一种极其原始的意境。表演开始前，一社群众扛鼓抱铙悄悄地跑在另一社的地界上纵情敲锣打鼓进行挑衅；另一社群众则闭门掩户等待时机进行反击。突然一声哨响，另一社群众破门而出涌向广场，挑衅的一方便迅速扛起大鼓逃回自己的地界。如没有被撵上，围追的一社锣鼓队又会在被赶散的一社地界上猛敲狠打进行报复，如此进行相互挑衅。如一社锣鼓队被追上后，另一社就将其所敲的大鼓夺下来，将本社的大鼓摆在被夺来的大鼓上纵情敲击，甚至两社人群往往在相互追撵中发生打架斗殴，如有人被打破头流了血后，社火头忙喊"见红了"，大家方停止相互间的追撵，由两社锣鼓队在一起共同敲击表演。铿锵鼓声如雷鸣，无数火把与篝火映照夜空，人人纵情敲锣鼓，个个争先围鼓而上，其场面、表演、动作均无任何统一规范，全由舞者尽情发挥。激越的情绪、纵情的欢跳、震天的锣鼓以及熊熊的篝火，突出了"狂、蛮、粗、野"的风格和气氛，这种围火作舞、纵情欢跳的场面，仿佛再现了原始氏族部落同敲共舞的场面，让观众身临到古老的历史时代中。有人看后称赞说："这真可说是原始舞蹈的活化石。"通过"上锣鼓"的表演，可以生动地感受到三秦民间鼓舞所具有深邃的传统文化内涵和它悠久历史的社会价值。

五、表现泱泱大国的恢宏气势

关中锣鼓大都具有场面浩大、人数众多的特点，表演时往往由数十人、百余人同敲共打。其中有咸阳、户县一带的"牛拉鼓"、宝鸡、韩城的"百面锣鼓"、户县的"得胜秦鼓"等。西安未央区曾组织500人表演过"九折子"，也曾组织过200人表演《秦王点兵》赴香港参加艺术节。此外，还有"富平老鼓""高陵年鼓""岐山转鼓"等。关中鼓舞所具有的恢宏气势和浩大场面，均与长安自古属秦、汉、唐古都名城的历史环境和条件分不开。特别是盛唐时期长安人口已逾百万，不仅是当时全国的政治、经济、军事、文化、商贸中心，也是各国使臣、商贸人员、留学者、遣唐使、僧人云集的著名国际大都会。从而使三秦百姓自古就有泱泱大国的风度和素质，具有大度、直率、阳刚、坦诚的性格特征和民族精神风貌。

咸阳的"牛拉鼓"表演就突出了泱泱大国的气势，如军旅征战凯旋、似庄严隆重的浩大庆典。舞队由数10面大铙、10面大鼓和无数大锣、马锣组成，在两面直径约1.5米车载牛拉的大鼓率领下，排成4路纵队行进敲击。锣鼓队首由数十把铁铳在前鸣放开道，无数面龙凤旗仪仗遮天蔽日，无数人舞绞敲梆边进边舞，再加"牛拉鼓"后跟随各种社火舞队，构成了近千人的社火舞队进行游转。其场面之大、人数之多，使关中的锣鼓表演具有泱泱大国的气势。特别是鼓手在车上挥槌击鼓表演，动作潇洒、气宇轩昂，一会儿可做"二郎担山"、一会儿表演"秦琼背剑"，舞至高潮时鼓手可以将木槌抛向高空，甚至还可跳上大鼓做"金鸡独立"或"猴子拜观音"等造型姿态。无数面大铙上下翻飞，在阳光下熠熠闪光、金光四射，似金蝶飞舞。激越铿锵的锣鼓震撼三秦大地，浩大恢宏的场面再现了关中秦人自豪、潇洒、浑厚、庄重的精神风采，使关中的锣鼓成为鼓舞人们精神的一种力量，也成为了展示历史风貌的画卷。

六、保存一些古舞的痕迹

关中各地流传的民间鼓舞和各种社火节目，都具有古老传统文化的风采和汉唐宫廷乐舞的痕迹。如民间流传的"狮子舞"，在唐代称其为"太平乐"即"五方狮子"。唐代诗人白居易在《西凉伎》一诗中就曾写到"假面胡人假狮子，刻木为头丝做尾，金镀眼睛银贴齿，奋迅毛衣摆双耳……"这与当今民间流传的狮子舞具有相似性。

第七章 关中地区戏曲音乐文化

此外,渭北各地流传的"地云云""盒字灯""莲花灯"等颇似唐代宫廷乐舞的遗韵。长安何家营、周至县南集贤的鼓乐颇似唐代的"坐部伎"。合阳的"五圆鼓"(俗称"打五圆"),颇具有唐代"大曲"的一些遗风。表演时一名鼓手同时在唢呐吹奏的烘托下敲击大小不同、音色各异的5面鼓,堪称是我国古老的民间"架子鼓"。其演奏的均属完整的套曲,如《老虎磨牙》《鸭子拌嘴》《狗撕咬》等,旋律轻松欢快、表演风趣幽默,具有盛唐的一些遗风。这是当地村民庆贺时不可缺少的一种民间锣鼓表演。唢呐艺人常被群众称之为"吹鼓手",又戏称"龟子",其实这是盛唐"龟兹"的误音,从而可以生动地说明盛唐"龟兹乐"在当今民间流传的影响。

宝鸡流传的"刁鼓",更是关中鼓舞的奇特形式。鼓手扮丑相,在敲击"德行鼓"的过程中表演内容互不相关的5个节目,即"习鼓""两不见面""跷尿稍""猴儿耍鼓""鼓带锣",突出了诙谐滑稽的喜剧特色。特别是鼓的摆置与众不同,颇似汉代建鼓舞的孑遗。

"乾州蛟龙转鼓"属明代嘉靖年间的宫廷乐舞,至今已有400多年的历史。保存600多年的《梁氏族谱》佐证,乾县王村镇梁氏在第七代出了一个宦官梁忠,梁忠在朝廷的51年里学会了朝贺乐舞和转鼓艺术。梁忠于神宗万历二十一年(1593年)告老还乡,遂将鼓舞艺术带到民间,以王村镇为中心世代相传。鼓壁的周围饰有"蛟龙"图案,又以鼓作舞,鼓之舞之,故被称为"蛟龙转鼓"。

蛟龙转鼓属大型民间广场鼓舞艺术,表演形式分"座鼓"和"转鼓"。表演"座鼓"时,鼓行前排,锣插其间,铙钹置后,号手站立两边,鼓只敲打,而不转舞;表演"转鼓"时,场面变形,指挥居中,号手站立两旁,多面鼓围成一个大圆圈或几个小圆圈,锣居中后排,钹分立左右两侧成月牙形。鼓手们边鼓边舞,举槌亮钹,东蹦西跳,左旋右转地变化"梅花形""一字形""月牙形""五角形"等鼓阵,令人眼花缭乱、目不暇接。

蛟龙转鼓除具有鼓舞的表演特点外,其鲜明特色突出在"跳"和"转"上,"人绕鼓转,鼓绕铙转"跳的动作又分为异地跳和原地跳;转的动作又分为自转和公转。鼓点仿佛骤雨急落、铙钹好像飞雪漫舞,节奏复杂汹涌澎湃、跳跃舞姿优美动人,已积淀凝结出中华文化艺术遗产特征。

关中的民间鼓舞形式多样、内容丰富、风格各异、特色鲜明,既有激越奔放、气势恢宏的大型表演;也有高雅、和谐、轻盈、欢快,流传于西安灞桥、蓝田等地的"细锣鼓";同时也有流传于白水县具有喜剧风格的"扇子鼓"以及农村各地每逢春节群众自发的"敲锣鼓"。鼓已成为关中农村群众抒发感情歌颂幸福喜悦时不可缺少的一种精神依托和文化活动。每逢春节,许多农村都会将锣鼓摆在村中十字口,任村民尽情自发地玩耍敲击,常是你敲一会、我接打一阵,借助锣鼓尽情抒发各自的喜悦和欢乐。真可谓"村村有鼓声,击鼓心欢畅。你敲我也打,豪情斗志昂。鼓声震三秦,齐心奔小康。"

民间鼓舞是关中广大农民喜爱的民间艺术活动，它长期扎根于民间、世代流传于群众，成为了关中地域文化中不可忽视的组成部分。希望我们今后加强对民间鼓舞研究探讨，并作为关中特有的一种文化资源，积极地加以开发创新利用，使关中鼓文化能更好地为西部大开发、为早日实现小康社会的宏伟目标作出应有的贡献。

第八章　关中地区工艺美术与武术文化

第一节　关中剪纸

古老而纯朴的关中剪纸在全国各地不同风格的剪纸艺术中，具有独特的魅力。其形象鲜明稚拙、构图奇趣精巧、色彩协调适度，其创作饱含着强烈的感情色彩，具有浓郁的生活气息。

剪纸源于造纸，造纸源于关中，故剪纸源于关中。剪纸起源于西汉时期，传说汉武帝的宠妃李氏去世后，汉武帝思念不已，卧不安度、食不甘味，于是请术士用麻纸剪了李妃的影像为其招魂，即最早的剪纸艺术。由于纸在发明初期时很珍贵，剪纸艺术最初在宫廷成为仕女们的最爱。唐宋时期盛行于民间；元代流传至中东及欧洲；明清时期，剪纸已与人们日常节庆生活相结合，用于装饰，并传递着人们的审美追求。

专家们之所以称关中剪纸为"活化石"，是因为它较完整地传承了中华民族古老的造型纹样，如鱼身人面，狮身人首，抓髻娃娃、牛耕图等；也有传承了中华民族阴阳哲学思想与生殖繁衍崇拜的观念的，如剪纸中的"鹰踏兔""蛇盘兔""鹭鸶衔鱼""鱼戏莲""蛙、鹿、鱼、鸟"等。剪纸特有的文化风韵，融古文化之精髓与历代劳动艺人智慧之结晶，内涵丰富、寓意深刻，可谓民族艺术之瑰宝。

关中剪纸艺术在民间极其普遍，从南到北、从东到西，八百里秦川，到处都有丰富多样的剪纸珍品和剪纸艺人。被民间誉为"剪花娘子"、被联合国教科文组织授予"杰出中国民间艺术大师"称号的库淑兰（1920—2004），是关中乃至中国民间剪纸艺术杰出的代表人物、中国民间工艺美术大师。库淑兰的剪纸作品曾多次获中国民间艺术展大奖、金奖，1997年在台湾、香港地区相继举办过库淑兰作品展，在台湾地区举办过艺术研讨会，代表作品被法国、美国、德国、东南亚等国家收藏。

剪纸是妇女们创造的文化，关中剪纸大都出自农家妇女之手，以淳朴、粗犷、简练、明朗为特点。她们一方面受民间文化的熏陶，另一方面对生活进行仔细入微地观察和理解，通过大胆丰富的创意，用剪纸来表达自己对生活的感受和对美的追求。在陕北给孩子找媳妇时，"不问人瞎好，先看手儿巧"，"手儿巧"就是看剪纸绣花的手艺。陕北地区也有"一看窗子二看帘"的说法,"看窗子"是看剪纸手艺,看门帘是看绣花的手艺。至今,陕北农村会剪花的手艺人仍被全村人所敬重。

不同地域,关中剪纸的风格也不同。陕北地区的剪纸风格淳厚、粗壮、线条有力,剪纹简单。关中地区的剪纸一般较细致而曲线多。西府的岐山和凤翔一带的剪纸线条细似针尖、风格别致;三原一带样式以花卉为多,结构较简单、色彩对比强烈。东府的大荔一带剪纸以戏文为多,造型动态近乎皮影;富平一带的形式多样,剪纹流利,明暗适调。陕南地区的剪纸一般较大,图案装饰多采用植物纹样,也有类似地毯的花纹,有风格上的差异。

第二节 凤翔木版年画、泥塑与脸谱

一、凤翔木版年画

独具风格的陕西凤翔木版年画是中国民间年画的一大流派,被国外收藏家赞誉为"东方智慧的结晶",在世界各著名博物馆皆有收藏。

凤翔木版年画是中国民间艺术中一朵古老独特、别具风采的艺术奇葩,它继承、发扬了中国传统绘画艺术的线条手法,同时吸收了历代寺庙壁画、石刻笔法、刀功的特点,以线刻为主,线条刚劲有力、简明质朴、生动大方;色彩以红、绿、黄、紫为主,再衬以黑色线条,对比强烈,生活气息浓郁、形象丰满逼真。印刷时先用颜色印染天地,再开红光、涂胭脂、加重彩,后套黑线主版。画面既和谐朴实,又生动别致。

据《西凤世兴画局》记载,凤翔年画源于凤翔南肖里邰姓,始于唐宋、盛于明清。凤翔县的木版年画在有文字记载的年代可以追溯到明正德二年(1507年),这个县的邰氏家族,就有8户从事木版年画的制作。起初,他们的名称叫"万盛画局",后来改为"荣兴画局",再后来又变为"世兴画局"。木版年画事业,也像他们祖祖辈辈希望的那样,越来越繁荣兴旺。鼎盛时期,生产者多达100多家,画局也有10多家,形成了比较完整的集设计、雕刻、印刷、彩绘、发售为一体的作坊。

数百年来,凤翔木版年画在陕、甘、宁、青、川地区一直深受老百姓欢迎。每逢腊月二十三,家家户户都要"扫社",把旧的"门神、家宅六神"和屋内墙上的年画撤下来并烧掉,"送上天"以祭灶王,再把里里外外打扫干净;到了大年三十,门扇上贴门神,门框上贴对联,院子灶房贴"家宅六神","天神"贴上院中,"土地"守至门口,"灶王"进厨房,"仓神"到粮仓,"龙王"看水井,"牛马王"护马房;大户人家则客厅挂"中堂"画,屋内贴风俗画,窗扇上搁"十全十美",戏剧故事"满"

炕墙。因此，凤翔木版年画是西北农村千家万户辞旧迎新必不可少的装饰品。

凤翔木版年画的内容首先以人物为主，以门神见长。门神中有历史名人、神话人物，如秦琼、敬德、包文正、赵公明及天官赐福、福禄寿三星等。其次是《西游记》中的神话故事和花鸟虫鱼。无论人物还是花卉，造型都优美大方、生动逼真、各有情态。特别是门神中的秦琼、敬德，从体态到神情，都能给人一种既慈祥善良，又杀气腾腾的感觉，颇具镇妖除邪之神威。

凤翔木板年画基本上保持了古版年画的艺术风格，较国内其他地区的年画显得更为粗犷、夸张。局部线条粗细搭配、构图饱满，门画造型威猛，风俗画构图贴近生活情趣，色彩大红大绿、对比强烈，套金套银后富丽堂皇，手脸部分经手工填染后更显逼真。

凤翔木版年画全以手工雕版，土法印制，局部手绘染填，规格有全开、3开、5开、6开、12开不等，品种亦有门画、十美画、戏剧故事画、风俗画、六神画、窗花画6大类。其制作非常考究，从画墨线稿、贴版、站版、菜油浸版、刻版、平底到设套色、刻套色版，到最后印刷墨线、套色、套金套银、手染上相粉、开红光、描眉画眼，不下10道工序，有的风俗画、戏剧故事画还要刷天景和地景。

多年来，凤翔年画被誉为中国年画几大家之一，曾经40多次在国内外展出，部分画张分别被国内外50多个艺术院校和单位收藏，远销港澳、日韩、加拿大、美国等国家和地区。国家级非物质文化遗产传承人邰瑜男、邰立平被授予"国家一级民间工艺美术家"称号。

二、凤翔泥塑

凤翔泥塑经国务院批准，列入第一批国家级非物质文化遗产名录，泥塑大师胡深为该文化遗产项目代表性传承人。陕西一级工艺美术大师胡新民和老艺人胡深合作的泥塑马、泥塑羊于2002、2003连续两年被国家邮政总局邮票设计司确定为生肖邮票主图案；2007年胡新民设计制作的"福寿猪"，再次作为2007年中国生肖邮票图案。凤翔泥塑远销海外，如美国、德国、法国、日本等等。

凤翔彩绘泥塑是我国泥塑工艺代表之一，当地人称"泥货"。凤翔泥塑汲取了古代石刻、年画、剪纸和刺绣中的纹饰，造型夸张、色彩鲜艳，深受人们喜爱。逢年过节或赶庙会时，当地人会以泥塑为礼品。

近年来，凤翔彩绘泥塑主要分布在城关镇六营村及周边地区。据说明朝的时候，朱元璋军队一部中的第六营兵士屯扎于此，这个村便被命名为"六营"。这些来自江西的兵士有制陶手艺，闲暇无事就和土为泥，捏制各种形态的泥活儿当作玩具，并且彩绘示人。后军士转为地方居民，其中部分人重操入伍前的陶瓷制作手艺，利用当地黏性很强的板板土和泥捏塑泥人、制模做偶并进行彩绘，然后到各大庙会出售。

当地老乡购泥塑置于家中，用以祈子、护生、辟邪、镇宅、纳福。

　　凤翔彩绘泥塑有3大类型，一是泥玩具，以动物造型为主，多塑十二生肖形象；二是挂片，有脸谱、虎头、牛头、狮子头、麒麟送子、八仙过海等；三是立人，主要为民间传说及历史故事中的人物造像。凤翔彩绘泥塑有170多个花色品种，其中有半人高的巨型蹲虎、虎挂脸，也有小到方寸的小兔、小狮；制作中使用黑黏土、大白粉、皮胶等材料，有模具定性，造型洗练、夸张，装饰华美富繁，色彩艳丽喜庆，形态稚拙可爱的特点，在全国众多的民间泥塑中独树一帜。

　　凤翔泥塑传统作品中虎的形象尤为典型，有分挂虎、坐虎等类型。虎头暴额突睛，双眉为两条相对的鱼，起源于6000多年以前仰韶文明的彩陶纹饰；鼻子为人祖，插着3根象征妇女泼辣的红辣椒，以渲染虎的厉害。虎头的"王"字为牡丹所替代，象征富贵。虎面的其他纹饰多为五谷、花草、蔬果的结合，反映了自然界生生不息的永恒规律。虎面上还绘有宝葫芦，《诗经》中有云"瓜瓞绵绵"，象征子孙昌盛。坐虎前腿立后腿坐，面部紧凑，耳朵夸大，显其威严，躯体饰以莲花、牡丹等纹饰，浓艳大方，很富有观赏性。

　　凤翔泥塑的工艺程序：制模、纸筋、入泥、脱胎、挂粉、勾线、彩绘和涂漆。凤翔泥塑制作方法简便易行，造型生动，色彩别具一格。其用色不多，以大红大绿和黄色为主，以黑墨勾线和简练笔法涂染，对比强烈，使人爱不释手。

三、脸谱

　　由社火脸谱演化而来的彩绘马勺脸谱为陕西民间所独有，因当地民众将神话故事中的人物形象彩绘于马勺之上而因此得名。社火脸谱源于西周，是极其稀罕的手工珍品。自古以来宝鸡一带民众就有家中悬挂马勺脸谱的习俗，人们将其悬挂厅堂居室用于扶正祛邪、镇妖降怪，表达祈福纳祥、招财进宝的美好愿望，因而马勺脸谱深得人们喜爱和崇尚。

　　马勺原本是先民用来喂马的生活用具，圆形盛水，长形添加饲料。马勺脸谱从夏商沿用至今，其制作过程很复杂，先是选用优质的桐木、椿木、桃木等作为原料，手工用铁铲挖成马勺形状，将外面打磨光滑，插入陈年小麦中吸干木头马勺的水分，然后再次打磨、上底料，完成绘制，通过手工一刀一刀精雕细刻而成。

　　马勺脸谱有着悠久的历史，甚至可以说是戏剧脸谱的起源。经历了几千年的历史演变，最后又融入了很多秦腔的脸谱色彩和造型，形成了自己独特的面貌。社火马勺脸谱传承着5000年前青铜器和彩陶上的纹饰，至今还残存着商、周文化之遗风。马勺脸谱使忠奸善恶各具特色，个性清新自由、大胆、夸张，异彩纷呈，充分显示了艺人们丰富的想象力和非凡的智慧。还有一首专门的用色口诀："红为忠，白为奸，绿侠野，草莽蓝，黑为真，青勇敢，金银二色鬼审判。"除马勺外，社火脸谱也绘制在泥、纸模、木铲、梭瓢、四神斗等民间生活用具上。

彩绘马勺脸谱是民间美术的精华瑰宝，集艺术、文化、实用、经济价值于一体。经现代民间艺术工作者的继承和发展，马勺脸谱已成为中国民间艺术中的珍品，以其悠久的历史，神秘、深厚的文化内涵，深受海内外人士的喜爱。

第三节 关中陶瓷、造纸与面花

一、耀州窑——关中陶瓷之华

耀州窑属历史名窑，耀州瓷为贡瓷。根据明初《宣德鼎彝谱》，将宫藏珍瓷定为宋代名窑。当时耀州瓷被金人掠去，埋于北京广安门地下，共有300多件，明代因宫中未藏故未入列名瓷。其创于唐、盛于宋、衰于元明，宋时与"汝、官、哥、钧、定"5大名窑齐名。

耀州窑被列为全国"六大窑系"之一，除黄堡"十里窑场"为中心窑场外，陈炉、上店、立地坡、玉华、旬邑都有烧造，遍及全国。

耀州瓷是宋代名瓷，它风格劲秀的刻花装饰在全国独树一帜，因而与定窑、汝官窑一样被选中烧造瓷器以供应宫廷之用。古代耀州瓷出口东南亚和世界各地，世界各地博物馆均有收藏。

耀州青瓷的生产历史有300年左右，元代后期，陈炉窑以其品种齐全、质朴耐用而赢得了西北的广阔市场，其技艺和规模已超过同期耀州窑，从而替代了耀州窑连续1400多年生产陶瓷炉火不熄的历史。陈炉窑早期同耀州窑一样生产刻印花青瓷，后来才发展到以日用瓷和民艺瓷为主，并创造了自己独特的民窑风格的产品。陈炉窑与耀州窑一脉相承，现在陈炉窑已被国务院纳入耀州窑遗址。

青瓷的主要特色：釉色晶莹玉润、青中泛绿、有冰裂纹和玉感，装饰构图规整、内容丰富且形象生动，刻花刀锋犀利，线条流畅奔放，刻印花技艺居全国青瓷之冠。

陈炉民间工艺瓷造型多样，如铁锈花脸盆、黑釉墩子、夜壶、青花帽盒、兰花品碗等，既有较强的实用性，又极具艺术瓷特色。装饰工艺刻、印、划、画、雕俱全，青花、黑彩和铁锈花是陈炉窑主要的装饰色调，工笔写意无所不有，陶工的大写意最具神韵，挥洒自如、似字若花。耀州青瓷古朴典雅，属上层社会享用的高雅艺术，而民间工艺瓷古色古香、质朴浑厚。

二、北张村——中国造纸之始

2008年北京奥运会期间，北京展示的国家非物质文化遗产"北张村造纸术"得到了世界瞩目，陕西洋县龙亭蔡伦造纸术也被列为省级非物质文化遗产保护名录，陕西成为了我国的造纸之乡。造纸术是我国四大发明之一，中国是世界上最早发明纸的国家，造纸术的发明是人类文明史上的一项杰出的成就。

北张村传统的造纸工艺源于西汉汉武帝时代，盛于唐、宋、明、清。霸桥出土的西汉汉武帝时代的麻纸至今仍展览在陕西省博物馆。当地流传至今的纸谣有："仓颉字、雷公碗、沣出纸、水漂帘""有女甭嫁北张村，半夜起来站墙根"。北张村所造白麻纸自唐沿袭至清一直是奏折和科举考试用纸，被历代视为精品，隋唐时白麻纸还传入过朝鲜、日本等国。

北张村沿用的传统的造纸工艺全部由手工完成，有72道工序。主要工序有：采集原材料、扎把、浸泡、蒸煮、上生石灰水、发酵、漂洗、泡瓤、揉瓤、踏碓、切幡子、和捣子、仗槽、抄纸、取纸、压杠、上墙、揭纸、打包等。

洋县龙亭蔡伦造纸术为我国古代科学家蔡伦所发明，它是以构树皮为原料，以挫捣抄焙为基本工序的植物纤维纸制作方法。

洋县龙亭蔡伦造纸术有1900年的历史。它形成于东汉，由蔡伦发明，并由其养子、蔡氏后裔及龙亭故县乡民在当地及周边地区推广传播，其后世代相承，保留至今，在龙亭及县域内一些地方有以蔡伦造纸法进行生产的民间构纸及龙须草纸、竹纸作坊和遗址。

我国东汉永元（89～105年）年间，在朝廷担任尚方令（东汉皇家作坊官员）的蔡伦曾由洛阳抵长安，经子午道至龙亭故县（今陕西省洋县龙亭镇）寻找造纸的原料、实验造纸的方法，终于在元兴元年（105年）实验出了一套完整的造纸术，研制出了用构树皮和废麻料做原料的植物纤维纸。蔡伦发明的纸当时的社会叫作"蔡侯纸"。

蔡伦在担任尚方令（主管皇家手工作坊的官员）期间曾到龙亭实验造纸，后被封为龙亭侯，又回到龙亭封地推广过造纸术。

蔡伦发明造纸术和植物纤维纸一事在东汉当时的官修史书《东观汉记》及南朝宋人范晔《后汉书》中均有明确记载。作为蔡伦造纸实验地的龙亭，蔡伦发明的造纸术首先在当地被推广，并被普遍使用。洋县龙亭在中华造纸中的这段历史，地方的石碑、方志都有记载。曾两次任洋州（辖龙亭）知州的开国侯杨从仪在《汉龙亭侯神道碑》中曰："汉龙亭侯蔡伦食邑于此，卒遂葬焉。"又说："侯（龙亭侯蔡伦）造纸厥始于此，故洋人造纸得传。"他还在碑文中赞扬说："侯有功德于民，……纵民辟野，樵采营纸，则纸业增而田业广。"

龙亭区域内现有许多蔡伦时代的东汉造纸作坊遗址，如蔡伦墓东北30多米处有东汉造纸作坊遗址一处，蔡伦墓以东500米处有晾纸山作坊遗址，另有龙溪河边的母猪滩造纸作坊遗址、月牙池造纸作坊遗址和构树湾原料基地遗址、王坎石灰窑遗址等。还留存有汉代造纸用的石臼和大铁锅。迄汉至清，洋县境内以龙亭故县造纸作坊为中心的手工造纸作坊星罗棋布。

龙亭蔡伦构纸造纸术有109道工序环节，其主要工序有23道，其中科技含量特别高的有使纤维帚化的制浆、使纸页成型的抄捞、揭离纸页的分纸和使纤维分子氢键结合的焙纸。

洋县龙亭蔡伦造纸术明显的原生态性为研究我国和世界造纸史提供了宝贵的资料，是研究人类社会进步的活化石。

三、面花——关中民间礼仪与审美

据西北少数民族与文化人类学的研究，认为小麦引入我国已有5000多年的历史，小麦在中国的本土化经历了一个自西向东，由北南来的历程，陕西应该是我国最早种麦的地方。由于小麦产量极高、营养丰富，因此逐渐成为主食，后又逐渐产生了丰富多彩的各类面食。在陕西诸多面食中，面花，也称礼馍、花馍，以其绚丽多彩的形式，成为了陕西人传承礼仪、审美追求的艺术珍品。

陕西的面花历史可以追溯到西周时期，到汉唐，陕西的面花已经发展到高峰，并且开始出现在一些大型宴会中。《陕西烹饪大典》中记载：唐中宗时宰相韦巨源"烧尾宴"中的"素蒸音声部"，就是一组用面团捏塑造型，经蒸制而成的面花，其造型是将面团分为70份，共捏成70个美如仙女的面人，她们中有手持不同乐器，吹拉弹唱的乐妓；有身着舞衣，翩翩起舞的歌舞妓，上席时按乐舞演奏的章法安放各自位置，组成一个大型的乐舞场面，让赴宴的宾客观赏品鉴之后，再下筷一个一个吃掉。

面花在民间是风俗信仰的象征物，又是人们礼尚往来的媒介。面花最早用于祭祀，以后演变到生活的方方面面，如节庆送礼、生日祝寿、婚丧嫁娶等。国家非物质文化遗产名录中的黄陵面花，就起源于对黄帝的祭祀。在陕西的农村，至今仍保留着送礼送面花这一习俗，且不同季节、不同节气、不同节日、不同对象，所送的面花内容不一。

华县女儿出嫁时，娘家要送集虎头、龙身、鱼尾为一体的"人谷卷"花馍。澄城县过春节讲究蒸双鱼、双鸡的坠灯馍，虎馍，枣山和十二生肖造型的面花。彬县正月十五"追婿看女"送面花，西府岐山县二月二送"花花"，合阳县洽川清明节娘家给头年出嫁的女儿送"娃女"面花。韩城农村乞巧节，给男孩子蒸"砚台馍"，给女孩蒸"簸兰馍"。八月十五和九九重阳节，长安和渭北送"九座糕"面花，讲究娘家要给出嫁的女儿送面花，一直送到女儿生育为止。大蒜县阿寿村有纪念大医学家孙思邈的系列面花。农村造屋上梁时，亲戚要送花贡馍和鸡造型的面花，意在"上梁大吉"。清明节亦有造型很大的祭祖面花。面花从其制作工艺上大致分为蒸制和烙制两大类，其中尤以蒸制的种类繁多。其造型千姿百态，有飞禽走兽、花鸟鱼虫、历史人物、民间传说等。

合阳面花以其造型生动夸张、色彩鲜艳夺目、民俗气息浓郁、制作精巧细腻等特点被国家文化部授予"面花之乡"的称号。

第四节　陕西红拳

一、陕西红拳简述

陕西红拳为历史悠久、源远流长于陕西地区土生土长的传统武术，有其自己独特的技术体系和丰富的文化内涵，是1983至1986年挖掘整理的材料整理出来"源流有序、拳理明晰、风格独特、自成体系"129个拳种中的优秀拳种，更是中国传统武术体系的重要组成部分。红拳为国家级非物质文化遗产，在陕西红拳文化研究会领导下逐步发展，扩大了在全国甚至在全世界的影响，在陕西地区高等学校及中小学逐步进入课堂，连年取得可喜的文化研究成果。关于陕西红拳名称由来的说法有很多种，从相关资料中可了解到主要有以下4种：

（1）红拳名称的由来与中国古代自然崇拜"火"有关，以火发出的光为红色取义，象征关中人心目中红拳的剽悍勇猛；

（2）红拳名称与红拳的招式凶猛相关，意为出手就能让对方流血，也是关中红拳人口中的"出手见红"；

（3）在关中地区，将一件事做好、做大了，称"红火了"，所以在关中地区练拳练出了名气的叫"练红了"，故称之为红拳；

（4）据民间传说唐末陈抟应举失意，深入华山修道，在山中奇遇年高但体健的老樵夫，老樵夫授于陈抟拳术，陈抟学成后问拳名由来，老樵夫说："你已看破红尘，专心修道，我只是红尘中的一凡夫俗子，红尘中来红尘中去，就叫它红拳吧"。

以上是关中民间关于红拳名称由来种种说法，至于红拳名称的真正由来还需要相关专家学者认真考查与考证。

二、红拳起源与传承

（一）红拳起源

红拳于关中地区发源和发展，有着相当浓厚的关中地理风情民俗文化。关于陕西红拳的起源，至今尚未有确切定论，从网络和相关书籍资料可知：其起源于周秦、昌名于唐宋、盛行于明清，是中国武术流派中一大优秀地方拳种，这种说法存在相当多的可疑性。春秋战国是一个列国混战、攻伐最剧烈的时期，由于特殊的社会环境要求人们用武力保护自己的生命财产安全，国家要通过军事武力确立自己的统治地位，维护自己的领土，扩张自己的疆域。这个时期是人与人打斗的开始，更是冷兵器战争时期，出现了军事战争，并且原始格斗技能开始积累；到了汉唐时期开始出现表演格斗技能的勾栏瓦社，说明此时开始人们开始将格斗技能有意识的进行编排并用了表演与娱乐；宋代开始出现一些武术组织，但此时出现的武术组织未形成流派，只是一些不甘剥削与压迫的人们组成在一起相互学习交流相关格斗技能；现在相关武术研究者与专家大都认为武术流派形成于明末清初，此时期正是冷兵器退出军事、热兵器走向战场的时候，也正是如此，军事格斗技能才能逐步退出军事战场，走向民间。明将戚继光的《纪效新书》中提到的拳种有宋太祖三十二路长拳、绵张短打，温家七十二行拳，三十六合锁、山东李半天之腿、鹰爪王之拿、千跌张之跌，张伯敬之打，少林寺的棍法，由此可以看出当时武术主要以家族相传才形成流派。当然以上并不能否定红拳的历史悠久、以秦人血脉世代相承，现如今红拳中的"放炮""十三响"等都吸取了秦战之时打胜仗的庆功会上武士的跳拍打舞"击皮为鼓"的相关素材，它们有相似、相通之处，可以印证红拳中的有些动作是秦代战争时的产物。

（二）红拳杰出传承人

红拳和其他中国传统武术一样，一直隐身于中华文明的长河中。明清时期由于战争从冷兵器军事向热兵器军事过渡，武术逐渐退出军事战争，成为了民间的格斗艺术，发展成各家各派且出现了各家派的代表人物，如陈式太极拳创始陈王廷，内家拳法的代表人物张松溪、单思南、王征南等，形意拳代表人物姬际可，苌家拳代表人物苌乃周，八卦掌代表人物董海川。现在红拳主要由陕西红拳文化研究会授名的近百个红拳传习所传播发展，并且每年召开红拳文化学术研讨会，极大地促进了红拳文化的发展和红拳在社会上的推广，让红拳在如今的关中大地上家喻户晓。

三、红拳的技术特点

红拳有悠久的历史、丰富的内容，是深受广大人民群众喜爱的一大武术流派，被誉为中国文化的"活化石"。红拳招势古朴，由红拳的"放炮""十三响"等可以看到是来源于秦时战争胜利后的欢悦拍打舞。红拳主要以"撑补为母，化身为奇，勾挂为能，刁打为法"十六字诀为其技术法则。

（一）红拳的技术体系

红拳的技术体系由盘、势、法、理构成，盘是红拳的基础训练部分，有十大盘功。红拳为了追求"长一寸强一寸"的技法效果，形成放长击远的技术特征，故红拳素有"腿不盘柔，筋不盘软，不予教拳"的说法。红拳主要通过十大盘功与典型动作的练习，用来快速发展一个人的基本运动素质。法，即打手手法，零手有百，汇编成串，组排成套，形成了红拳打手的完整体系。红拳的打手体系包括手法、拿法、滚跌、腿法、器械打法。势，即套路，陕西红拳以七大拳系组成：红拳、花拳、炮拳、子拳、醉拳、九拳、通臂等，据现在不完全统计，红拳套路有100套。理，即拳法理论，主要是指红拳理论体系，如受中国古典哲学思想、古代兵家思想、中医理论、民俗文化等方面的影响。

（二）红拳的技术特点

关于红拳的主要技术特点，杨宝生老师在《红拳》，王培仁、向玮在《红拳的主要特点》中已有论述，指出红拳的主要特点有：一是撑斩为母、尽八法之变，二是势正行美、繁华藻丽，三是扁身远击、势却筋柔，四是闪绽腾挪、刁打巧击，五是顺力借力、劲为力华，六上手掩三盘、以腿取胜，七是防反精妙、后发先至，八是中气为本、练养交修。红拳最主要技术特点可以概括为"撑补为母、化身为其、勾挂为能、刁打为法等"十六字诀。

四、地域文化对地域武术影响

一方水土养育一方人，也造就了一定的文化，在古代由于地理上的因素，加之交通不便利形成了各具特色地域文化。不同的人来自不同的地方，从其身上能看出其所在的地方文化特色，如当地的风俗、方言等方面。不同地域有不同地域的武术如南拳、北腿等。武术文化具备了地域性特征的3个要素：武术文化圈、武术文化丛、武术文化特质，研究以上3个方面与武术拳种之间的相互关系、摸清武术文化发展与社会规律的关系，是抢救武术这一传统优秀文化的切入点。

武术拳种受地域文化滋养与熏陶，让武术拳种有着地方文化的内质，武术拳种于演练时淋漓尽致地表现着当地文化的美丽与不同地域风格的差异。李宏源在《地域文化对武术拳种的影响》一文中得出："中国特有的传统体育项目，而中国繁杂的地理环境和中华几千年的发展史使中华大地上形成了各具特色的地域文化，在特定的地域文化熏陶下，武术衍生出众多拳种流派。武术的发展必须立足于对各类拳术流派资源的发掘与保护；同时还应认识到武术的文化属性，充分发掘武术文化的资源，并将武术文化与特定地域文化结合起来促进武术的进一步发展。"武术本身就是一种传统的优秀文化，地域武术是地域文化的一种。研究地域武术与地域文化之间的关系，不仅仅能够更好了解武术相关文化与武术相关技法，而且是对文化研究与拓展的一种补充、完善与深入。

五、陕西红拳与关中文化

在中国有这样一片土地,这里是中华文明的发祥地、是续写着中华五千年文明的书简、是有着十三朝建都的皇城,更是有着文武圣美誉的天然历史博物馆……这里就是古老神秘的陕西红拳发祥地——关中大地。陕西红拳就是在这块神秘而文明的地域中孕育、成长、发展而来的,陕西红拳招法古朴、势正架美,套路演练起来更是华丽、夺人心弦。红拳隐身于关中大地,受关中文化滋养与影响,造就了如关中文化一样不张扬的特点。

(一)关中文化对红拳影响

1. 关中饮食文化与红拳

谈到关中的饮食文化,这是每一个关中人,更或是全陕西人的骄傲和自豪。有大块牛羊肉的泡馍、裤带一样的特色面条、锅盖大小的锅盔等,甚至简单的辣椒在关中人眼都自成为一道菜,且将其吃出了文化。关中吃饭还有一种盆碗不分家的习惯,即碗和盆的大小一般。关中人吃关中饭,故发源于关中地区的陕西红拳也深受关中饮食文化的影响。马文国博士在《文化红拳(一)浅谈我对陕西红拳的一点理解》中写道,因为陕西的土地肥沃、自然条件颇佳,造就了陕西人悠闲的品性,不温不火、不紧不慢,吃饭细嚼慢咽,因而有了令人喜爱羊肉泡,在红拳的练习中也就自然形成了一种习惯和风格,即追求周身放松、用意不用力,拳架工整、大方有致,表现出一种洒脱和超越。裤带面条和锅盖锅盔更是显现出红拳练习者慷慨大气之风。关中人吃辣椒吃出了文化、吃出了红拳人的豪爽气概,"盆碗不分家"的习俗更是可以看出红拳的不事华虚、结构合理、贴于实际。

2. 秦腔与红拳

谈到秦腔,看过电影《白鹿原》都应该知道,秦腔是关中地区人们喜爱的一种戏曲,又被当地人称为"乱弹"。主要在陕西、青海、甘肃、宁夏等地流行,虽然对于它的起源与发展已无据可证,但是秦腔是以陕西关中地区为中心发展而来的还是可以肯定的。秦腔的特点是"大锣大鼓,宫商杂糅,冠冕堂皇之中,兼具中正和平之美。也就是"陕西十大怪"中的"秦腔不唱吼起来",给人一种洒脱、雄壮豪迈的感觉。红拳中"炮捶"被红拳人看成是红拳的看家套路,单从红拳谚语就可以品读一二:"托天掌、震地雷,拉索踩船紧跟随;"红拳中的"炮捶",一开始就气势浑厚、地动山摇、噼里啪啦,犹如放炮一般,功力深厚的老拳师演练更是响声震天,如晴天霹雳一样,让人感受到陕西红拳文化的雄浑壮阔。红拳的"炮锤"与秦腔同属关中文化,共同演绎着关中人的粗犷与豪迈,造就了姜霞教授《陕西红拳的传承与发展》一文中的:"古老红拳同样禀赋了关中人厚重质直、强毅果敢的地域特性。炮锤的'踏地如震雷地之声、捅锤之猛如炮火轰鸣、有如倒山之功、抹手似利斧破柴。'

就像流行于陕西的秦腔唱腔，宽音大嗓，直起直落，给人以高亢激越、粗犷奔放、雄劲激越之感，在各种重要的民俗活动中占有重要的地位，深受陕西民众的喜爱。古老红拳表现出的群体性、区域性、民俗性体现了非物质文化遗产的特征。"红拳与秦腔同属关中文化，受关文化的滋养与熏陶，并相互影响、互为补充，共同充实、丰富着关中文化。

3. 关中礼仪与红拳

礼仪文化是中国文化的重要组成部分之一，自古以来先后有13个王朝在关中地区建都，被称誉为礼仪之邦。陕西旧时彼此见面时，最平常的礼节是打拱作揖，鞠躬也是旧时礼仪。礼仪也就是武术（红拳）中抱拳礼的一种含蓄的表达形式，现在在西安等地过节、"过会（关中地区的一种习俗）"都可以看到红拳人表演红拳，并且十分注重礼节，如开场第一个表演项目须为"流星锤"，最后一个表演项目为"春秋大刀"，也就是红拳文化中的"开场的流星，收场的春秋"；表演人上场首先向在场观众行抱拳礼，一是对在场观众的一种尊敬，同时也是对在场红拳人表达友好和请教。红拳文化中和关中礼仪相关的礼节甚多，如红拳中的拜师礼仪就是受到关中礼仪文化的影响而来的。

4. 关中尚武与红拳

关中地区自古以来就有尚武之风，关中秦人尚武不仅仅是因为地处"八百里秦川"的平原沃土之中，通过尚武抵御外来的侵略与略夺，更是因为关中人内在的一种想要对外征服的成就感。除此之外，关中地区的尚武之风还深受武则天长安二年（公元701年）武举制颁布实施的影响。红拳正是在这种尚武传统的滋润下孕育而来，正是由于关中人尚武的需要，使得陕西红拳于关中大地经久不衰、越来越具魅力，逐渐成为陕西人及周边省市人们所喜好的拳种之一。

5. 关中武术与红拳

红拳属于武术，受武术文化的影响。关中地区历来就是风水宝地，这吸引着各方有识之士来到关中大地发展、实现自己，其中不乏武林侠士。文化汇聚一堂时就会相互冲击、碰撞，同样，不同流派的武术聚到一起就要相互比试、切磋，要相互取长补短、不断发展各相互交流的拳种流派。"关中四杰"中的鹞子高三就是一个到处访名师学习各家武艺之人，从他的相关资料来看，鹞子高三学习其他拳种流派的武术已是事实，黑虎刑三曾得受咸阳渭城九莲寺的少林武僧刘禅传授"十二连环通臂拳"和"疯魔三棍"，后来关中四杰在原来红拳的基础上，形成了以盘、法、势、理的红拳技术理论体系，所以说红拳的技术理论体系受到了其他武术文化的影响。现在走访各地的公园等地，我们都会发现到处都有人在练习红拳、太极，有的红拳还和太极同练，这样不但促进了个人技艺的提高，久之会兼有红拳与太极技术理论，红拳就是在这种无形的外来武术文化影响下发展了自己。所以说武术文化比其他文化对红拳的影响更为深远。

第八章 关中地区工艺美术与武术文化

（二）关中文化特征与红拳

1. 关中文化特征对红拳的积极影响

关中平原在中国历史上是农业占主要经济地位时期最富有的一个地区。加之交通便利，四周有山河之险，因此从西周开始，历时千余年，有13个王朝都于关中平原建都。千余年来，帝王将相都把关中的中心（西安）视为建邦安国的风水宝地，成为武林英豪的荟萃处和文人墨客的聚集地，不同的文化在这里相互交流与碰撞，关中文化受不同文化影响，使关中文化具有一定的兼容性；正是在这种不同文化的熏陶下才使红拳形成了"一系七拳"（"一系"就是指红拳拳系，"七新"就是指九拳、红拳、炮拳、通臂、子拳、醉拳、花拳），正是有了今天近百套的红拳套路，才使红拳具有丰富的内容和多样的文化研究价值。如红拳的基本套路练习强调"架子"以"撑补为母"，有的红拳人将此理解为"撑"应该是一种劲力，身体内蕴涵了"撑劲"，才会显得气宇轩昂、拳架饱满、遒劲有力。这与王芗斋先生在意拳中讲的"八面张力"和太极拳的"一身备五弓"是不谋而合的，因为它是整个中国武术流派劲力的根源。红拳的劲力是通过"侧肩换膀、拧腰摆胯"来体现的，与劈挂拳通过"含胸拔背、拧腰切胯"来体现出吞吐开合、猛劈硬挂、搅靠劈重的劲道不能不说是同出一辙。红拳在步法上强调"迈跤"，即在交手时走偏门，寻找时机发招，与明代唐顺之讲的"你行当面我行傍，你行傍来我直走，倘君恶狠奔当胸，风雷绞炮劈挂手"有契合之处，虽然唐公讲的是劈挂拳的技击之道，但和红拳的许多手法也是十分吻合的。这不得不说是红拳与其他拳种在交流过程取他人之长的一点。由此可以看出，红拳不但自成体系，且具相当吸收其他武术文化的兼容性。

2. 关中文化特征对红拳的消极影响

一方水土不仅养育着一方人，滋润着人的心灵、浸润着人的血脉，更塑造着一方水土的地域文化与地域性格。地理环境造就了人，人以自己被造就的性格，创造了与环境相协调的文化，文化又进一步的强调了环境氛围。由于自古以来关中地区以其独有的"八百里秦川"，让关中人形成了"三十亩地，一头牛，衣食无忧"的农耕文化，这种天伦之乐的生活，形成了关中人封闭自居、不愿外出闯荡的不思进取的思想。正是在这"八百里秦川"的黄土文化之下，形成的红拳式架工整，多直来直往，这一点和陕西人的性格是吻合的。陕西号称"八百里秦川一马平川"，在农业经济时代是难得的沃土良田，也造成了陕西人固守家园、不愿舍离故土的性格。地域的方阔，使得陕西人的思维严谨务实、四平八稳、不事华虚。反映在红拳的文化内涵里，也就有了注重拳架工整、劲力饱满的要求。也正是在这种不思进取的文化特征的影响下，使红拳有了相对较小的流传地域，才致使红拳在陕西地区家喻户晓，而外地人对红拳却是从未听闻。不得不说，优越的地理环境造成的不思进取的思想是对陕西红拳推广的一种限制。

(三) 红拳对关中文化影响

红拳作为土生土长在关中地区的武术,不仅受到关中文化潜移默化的影响,而且和其他外来武术拳种一样为关中文化增色添彩,进一步充实丰富了关中文化的内涵。红拳从春秋时期以来经过逐步发展,于明清之时成为中国境内一大武术流派,陕西红拳不仅仅在冷兵器时代是一种人们保护自己家人与财产的一种技能;由于武举制于武则天长安二年(公元701年)颁布,武术更于天子脚下(关中地区)成了贫穷人民进入上层社会的一种手段,故现在陕西红拳在关中地区仍十分流行、受人喜爱;在陕西关中地区,每逢年节集会或收获播种后,为了表示欢庆喜悦的心情,十里八乡的村民都会在一起买卖生活用品和各种特产小吃、请戏班子唱戏,一些"耍家子"(武术拳师)往往还自娱式的聚拢在一起相互切磋表演卖艺,十分热闹。由此可以看出红拳在当地还是一种娱乐方式和交流方式,丰富了人民的精神生活、增强了人们之间的友谊。陕西红拳作为关中文化的一个缩影,红拳中的"放炮"可完美地展现过去秦人战争胜利后的喜悦与欢腾,体现出了秦人的粗犷与豪迈,更出现了一些红拳大师,如乾隆年间千邑宋朝佐、凤翔的师宝龙、耀州郭崇志、宝鸡张阳真。特别是道光、咸丰年间,陕西红拳发展到了一个鼎盛时期,并出现了"关中三三一四"等4人,这些红拳大师被人们向往与追崇、被人们写进有关书籍,千古流名于世。红拳不仅受到关中文化的影响,同时对关中文化也是一种补充、深入。

参考文献

[1]张俊岭. 传统青砖的装饰艺术研究[D]. 西安：西安建筑科技大学，2007.

[2]李媛. 关中民居"庭院"型制"新农村建设"景观保护规划设计基础性研究[D]. 西安：西安美术学院，2007.

[3]韩旭梅. 中国传统建筑柱础艺术研究[D]. 长沙：湖南大学，2007.

[4]李蒙. 陕北民居建筑装饰艺术探究[D]. 西安：西安建筑科技大学，2006.

[5]李红霞. 石何以美[D]. 北京：中国艺术研究院，2006.

[6]刘冠. 中国传统建筑装饰的形式内涵分析[D]. 北京：清华大学，2004.

[7]杜石然. 中国科学技术史稿[M]. 北京：北京大学出版社，2012.

[8]傅熹年. 中国古代建筑工程管理和建筑等级制度研究[M]. 北京：中国建筑工业出版社，2011.

[9]曲文军. 中国传统文化与现代化[M]. 济南：山东人民出版社，2011.

[10]王云五. 礼记今注今译[M]. 北京：新世界出版社，2011.

[11]李剑平. 中国古建筑名词图解辞典[M]. 太原：山西科学技术出版社，2011.

[12]郑红峰. 中国哲学史[M]. 北京：北京燕山出版社，2011.

[13]张玉春. 老子注译[M]. 南京：凤凰出版社，2011.

[14]赖永海. 中国佛教通史[M]. 南京：江苏人民出版社，2010.

[15]孙晓珍. 略论关中文化的乡土观[J]新西部（下旬.理论版），2011（05）36-37.

[16]鲁鹏. 三秦文化的历史发源及特性[J]. 兰州学刊，2011（02）8-10.

[17]朱连城. 中国民间石雕艺术的独特样式——拴马桩石雕艺术解读[J]. 南方文坛，2010，（05）29-30.

[18]虞志淳，雷振林. 关中民居生态解析[J]. 建筑学报，2009（01）75-77.

[19]刘雅琴. 谈中国传统民居的雕刻艺术[J]. 文教资料，2008（25）86-88.

[20]李永轮. 陕西党家村三雕装饰艺术研究[J]. 艺术教育，2008（06）67-70.

[21]唐西娅，尹锷. 浅析中国古代建筑装饰中的雕刻艺术[J]. 南华大学学报（自然科学版），2008（01）36-37.

[22]赵坤辉. 秦岭北麓沟峪型旅游度假建筑设计研究[D]. 西安：西安建筑科技大学，2010.

[23]张薇. 从韩城党家村民居装饰艺术解读中国传统民居的文化内涵[D]. 西安：西安建筑科技大学，2009.

[24]李琰君. 陕西关中传统民居建筑与居住民俗文化[J]. 科技出版社，2011.

[25] 王兆喆. 关中特色历史街区保护设计——以书院门街区安居巷改造为例[J]. 西安: 陕西科技大学, 2017.

[26] 赵晓玲. 关中系列题材电视剧的地域特色[J]. 陕西教育学院学报, 2009（01）55-59.

[27] 郑怀兴. 新编秦腔历史剧《关中晓月》[J]. 当代戏剧, 2018（04）67-68.

[28] 吉平, 张阿利, 赵晓玲. 从《关中枪声》看关中系列题材剧的美学风格[J]. 唐都学刊, 2009, （06）36-38.

[29] 郑怀兴, 郭全民. 新编秦腔历史剧《关中晓月》[J]. 中国戏剧, 2018（11）98-98.

[30] 张汉杰. 拍出关中儿女的豪迈血性——从执导两部关中剧的创作谈起[J]. 唐都学刊, 2006（05）46-47.

[31] 周飞. 精研者精妙见力处见功——评秦腔《关中晓月》[J]. 艺术评论, 2020（02）39-40.

[32] 陈华. 桩眼: 关中石雕拴马桩审美新视域[J]. 理论导刊, 2014（04）53-55.

[33] 孙维明. 我国地方小吃发展现状及其对策分析[J]. 中国集体经济, 2010（21）37-38.

[34] 彭珂珊. 小议陕北风味小吃（二）[J]. 中国粮食经济, 2010（04）98-99.

[35] 彭珂珊小议陕北风味小吃（一）[J]. 中国粮食经济, 2010（03）41-42.

[36] 郑战伟, 李道明, 付成程, 等. 陕西饮食文化与香港饮食文化的比较研究[J]. 农产品加工（学刊）, 2011（12）39-41.

[37] 曹水群. 浅议陕西饮食文化资源的旅游开发[J]. 全国商情（理论研究）, 2011（03）23-25.

[38] 郭宇, 王锡秋. 浅谈地方小吃规范化发展——以潍坊城区为例[J]. 商场现代化, 2010（21）13-14.

[39] 苏本祥. 论中国饮食文化——以山东胶州湾一带的"馍馍"为例[J]. 科技信息, 2010（14）36-37.

[40] 王军. 谈饮食文化[J]. 中国商界（下半月）, 2008（06）4-5.

[41] 周渝, 白少力. 西安腊汁肉夹馍揭秘[J]. 四川烹饪, 2006（12）65-66.

[42] 吴国栋. 西安特色小吃向导[M]. 西安: 西安出版社, 2007.

[43] 《陕西烹饪大典》编纂委员会. 陕西烹饪大典[M]. 西安: 陕西人民出版社, 1999.

[44] 肖亚康. 红拳"耍场子"文化影响研究[J]. 中华武术（研究）, 2016（04）32-33.

[45] 肖亚康. 京剧武打艺术与武术哲学表现思维[J]. 四川戏剧, 2015（02）46-48.

[46] 王国维. 宋元戏曲史[M]. 上海: 上海古籍出版社, 1998.

[47] 杜鹏. 秦腔武戏研究[J]. 北京: 中国艺术研究院, 2014.

[48] 马文国. 文化红拳[二]红拳和秦腔[J]. 中华武术, 2006.